À toi !

C'est parti !

Sprachkurs

Die **Audios und Videos** zum Sprachkurs findest du auch in der **Cornelsen Lernen App.**

Siehst du folgende Symbole in diesem Heft, findest du in der App ...

das passende **Audio** zur Übung

ein **Video**

Cornelsen

À toi ! 1

C'est parti !

Sprachkurs Französisch mit Audios und Videos

Erarbeitet von der Redaktion Französisch Julia Goltz (Projektleitung), Nathalie Judic (Karlsruhe), Sophie Ortiz-Vobis

Unter Mitwirkung von: Catherine Jorißen, Lara Nikolic und Peter Winz
Lizenzmanagement: Nicole S. Abt

Umschlaggestaltung: Rosendahl Berlin – Agentur für Markendesign
Layout und technische Umsetzung: graphitecture book & edition

Illustrationen: Cornelsen Laëtitia Aynié S. 9 4, S. 13 4, 15 8a, S. 16 11, S. 17 *u.l., m.r.*, S. 18 *o.l., m.r., m.l., o.r.* S. 19 *m.*, 19 1, S. 20 *o.l.*, S. 22 o.m., S. 22 *m.*, S. 23 *u.*, S. 32, S. 38 *o.r.*, S. 43 4.1–4.4, S. 46 12, S. 46 14.1–14.4, S. 54, S. 55 3, S. 55 4 a,b, S. 57 *m.r.*, S. 58 *m.r.*, S. 77 *m.r.*; **Céline Bailleux** S. I *m.l.*, S. 3 *m.*, S. 19 *u.l.*, S. 27 6.1–2, S. 28 *o.r.*, S. 33 3a–c, S. 33 *o.r.*, S. 34 *o.l., u.l., u.r.*, S. 35 *o., m., u.*, S. 37 5, S. 39 *u.*, S. 44 1 a, b, S. 44 2 a, b, S. 47 *u.l.*, S. 48 *u.*, S. 57 *o.m.*, S. 58 *u.r.*, S. 59 5, S. 71 *o.r.*, S. 73 *o.r.*, S. 75 *u.r.*, S. 76 *m.l.*, S. 77 *o.r.*; **Laurent Lalo** S. 12 *u.l.*, S. 59 *o.r.*, S. 60 *u.l.*, S. 65 1.2, 1.3, 1.7, S. 67 *o.r.*, S. 68 *m.r.*, S. 69 *m.*, S. 70 *u.m., o.m., m.r.*, S. 72 *m.r., o.r.*, S. 73 *u.r.*, S. 74 *u.r., m.r., o.r.*
Karten: Cornelsen Lennart Fischer S. 50 *m.*, S. 51 *m.*; **Volkhard Binder** S. 53, U3
Filmstills: Cornelsen Gunnar Rossow Cinematography + adobe.stock: *li.* julie vercammen, *Mi.* thenatchdl, *re.* CECILE, S. 8 1,3, S. 12 *m.*, S. 13 3.1, S. 20 *u.m., u.r.*, S. 23 *o.m.*, S. 25 *o.m.*, S. 33 1, S. 36 2, S. 43 6

Lehrkräfte finden die Lösungen sowie die Audios und Videos zusätzlich unter folgendem Webcode: www.cornelsen.de/codes **fapuje**

www.cornelsen.de

1. Auflage, 1. Druck 2023

Alle Drucke dieser Auflage sind inhaltlich unverändert und können im Unterricht nebeneinander verwendet werden.

Druck: Athesiadruck GmbH

ISBN 978-3-06-123049-4

PEFC
PEFC/18-31-166

PEFC zertifiziert
Dieses Produkt stammt aus nachhaltig bewirtschafteten Wäldern und kontrollierten Quellen.
www.pefc.de

Inhaltsverzeichnis

Wichtige Symbole

- ▶ Dieser Pfeil verweist auf eine andere Seite.
- Übung zu zweit
- Gruppenübung
- Sprachmittlung
- In der Mitte des Heftes findest du alle Symbole zum Üben. Schneide sie aus und bewahre sie in einem Briefumschlag auf.
- In diesen Kästen bekommst du Tipps, die das Lernen erleichtern.
- Bist du fit im Umgang mit digitalen Medien? Finde es heraus!
- Wusstest du das schon? Hier erfährst du mehr über Frankreich!

Bienvenue !

① Voilà Paris.

③ Voilà le Mont Blanc.

④ Voilà le Stade de France.

5 Voilà une baguette.

6 Voilà un TGV.

7 Voilà les calanques.

1 Woran denkt ihr, wenn ihr an Frankreich denkt? Tauscht euch zu zweit aus.

2 Sieh dir die Bilder an. Dein/-e Lehrer/-in liest die Sätze vor. Hör zu. Dann lies sie leise murmelnd nach.

3 Lest die Informationen zur Landeskunde auf Seite 69. Was wusstet ihr schon? Was wisst ihr noch? Tauscht euch aus. ► S. 68–69

4 Welche Städte, Sehenswürdigkeiten, Personen aus Frankreich fallen euch noch ein? Erstellt eine Liste, sammelt Bilder und gestaltet ein Plakat oder eine digitale Präsentation.

Bienvenue !

1 le château de Neuschwanstein

F

2 l'Arc de Triomphe

3 le Mont-Saint-Michel

4 la philharmonie de l'Elbe

5 Notre-Dame de Paris

6 la porte de Brandebourg

7 l'Opéra Bastille

8 la cathédrale de Cologne

5 In Frankreich F oder in Deutschland D? Wo befinden sich diese Sehenswürdigkeiten? Recherchiere im Internet und schreibe F oder D an die Bilder.

6 a **Du kennst schon eine Menge Wörter aus dem Französischen. Ordne diese französischen Wörter den Bildern zu.**

1. le camembert	✓	4. le bonbon		7. le parfum	
2. le croissant		5. le café		8. le porte-monnaie	
3. la crêpe		6. le restaurant		9. le garage	

b **Hör zu. Erkennst du die Wörter wieder? Tippe auf das passende Bild.**

c **Kennst du noch weitere Wörter aus dem Französischen?**

___

Tu t'appelles comment ?

1 **Écoute et lis le dialogue.** | Hör zu und lies den Dialog mit. Worum geht es? Du kannst dir auch das Video ansehen.

– Salut !
– Salut !
– Tu t'appelles comment ?
– Je m'appelle Léo. Et toi ?
– Je m'appelle Marine.
– À plus, Marine !
– À plus, Léo !

2 **Écoute et répète les phrases après le signal sonore.** | Hier übst du deine Aussprache. Hör zu und sprich die Sätze nach dem Tonsignal nach.

3 **Retrouve l'ordre du dialogue.** | Bringe den Dialog in die richtige Reihenfolge. Nummeriere die Sprechblasen von 1 bis 7.

[1] Salut !

[ ] Je m'appelle Léo. Et toi ?

[ ] À plus, Marine !

[ ] Salut !

[ ] À plus, Léo !

[ ] Tu t'appelles comment ?

[ ] Je m'appelle Marine.

4 **Retrouve et écris les mots.** | Finde die Wörter heraus und schreibe sie in die Umrisse hinein.

A	B
Salut !	
	Salut !
Tu t'appelles comment ?	
	Je m'appelle Léo. Et toi ?
Je m'appelle Marine.	
	À plus !
À plus !	

5 **Complète le dialogue.** | Vervollständige den Dialog auf Französisch.

1. Hallo!	S a l u t !
2. Wie heißt du?	Tu t'appelles _ _ _ _ _ _ _ ?
3. Ich heiße (*dein Vorname*).	Je m'appelle ______ .
4. Und du?	Et _ _ _ ?
5. Bis später!	À _ _ _ _ !

6 **Relie.** | Verbinde die Sätze mit den Symbolen.

Steht zusätzlich ein Fragezeichen ? hinter dem Symbol, stellst du eine Frage.

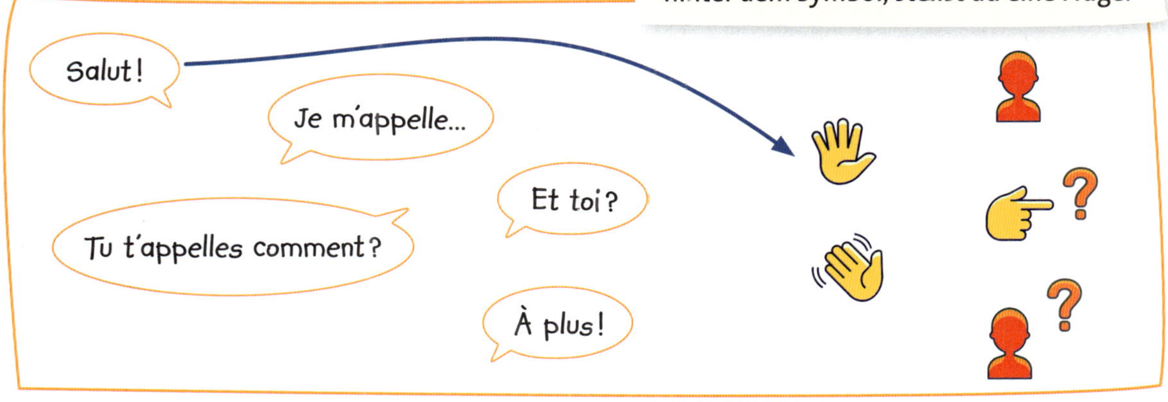

7 **Oups ! Retrouve les phrases.** | Ups! Hier ist schon wieder etwas durcheinandergeraten! Stelle die Sätze wieder her.

1. ! l u t S a

____

2. ! l u t S a

____

3. e J a m ' p e l e l p

Gabriel.

____

t E ? i t o

____

u T t a l l s e p e p '

? c e m t m o n

____

4. e J a m ' p e l e l p

Emma.

____

À ! s p l u

____

8 a **Écris le dialogue.** | Kannst du erraten, was sie sagen? Schreibe den Dialog auf.

– ☐☐☐☐☐☐, ☐☐ ☐☐☐☐☐☐☐☐☐

Adam. ☐☐ ☐☐☐? ☐☐

☐☐☐☐☐☐☐☐☐☐ ☐☐☐☐☐☐☐?

– ☐☐ ☐☐☐☐☐☐☐☐☐ Issa.

b **Écoute la solution et corrige si nécessaire.** | Hör dir nun die Lösung an und korrigiere, wenn nötig.

9 **Trouve comment on prononce ton prénom en français.** | Finde heraus, wie sich dein Name auf Französisch anhört.

____

Wie hört sich dein Vorname auf Französisch an? Tippe ihn in eine Text-to-speech-App ein, wähle Französisch als Ausgangssprache und hör ihn dir an.

10 **Écoute et réponds.** | Hör zu und antworte nach dem Tonsignal.

11 **À vous ! Faites le tour de la classe et faites des dialogues à deux.** | Ihr seid dran! Lernt den Dialog auswendig, geht im Klassenraum herum und führt kurze Gespräche zu zweit.

A: Salut !

B: Salut !

A: Tu t'appelles comment ?

B: Je m'appelle ____________________.
Et toi ?

A: Je m'appelle ____________________.

B: À plus !

A: À plus !

12 **Jouez le dialogue à deux.** | Spielt den Dialog zu zweit.

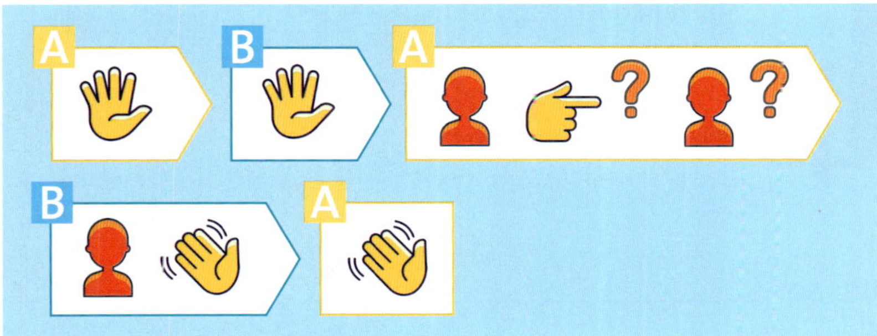

Alle Symbole findest du zum Ausschneiden in der Mitte des Heftes.

Ça va ?

1 **Écoute les dialogues.** | Hör dir die Dialoge an. Worüber wird gesprochen? Du kannst dir auch das Video ansehen.

☐ A Alter? ☐ B Wie geht's? ☐ C Freunde/Freundinnen?

☐ D Schule?

2 **Écoute et relie.** | Was passt zusammen? Hör zu und verbinde.

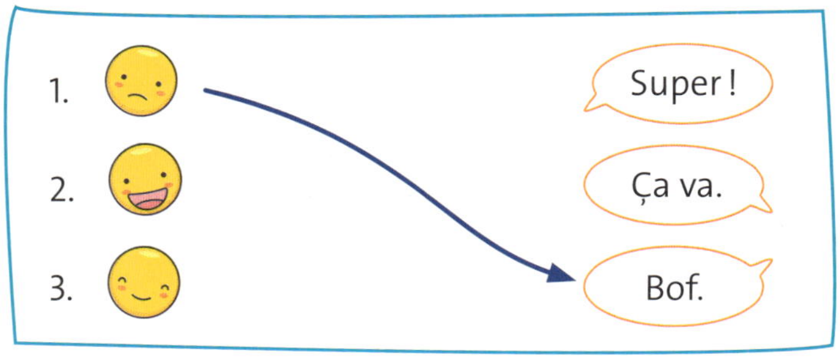

In Frankreich begrüßt man sich oft mit Küsschen. Man nennt das *la bise*. Und ihr, wie begrüßt ihr euch?

Wir begrüßen uns so: ______________________________

____

3 **Complète les phrases.** | Wie geht es den Jugendlichen? Vervollständige die Sätze.

1

2

3

4 **Retrouve et écris le mini dialogue.** | Finde heraus, was sie sagen und schreibe den Minidialog auf.

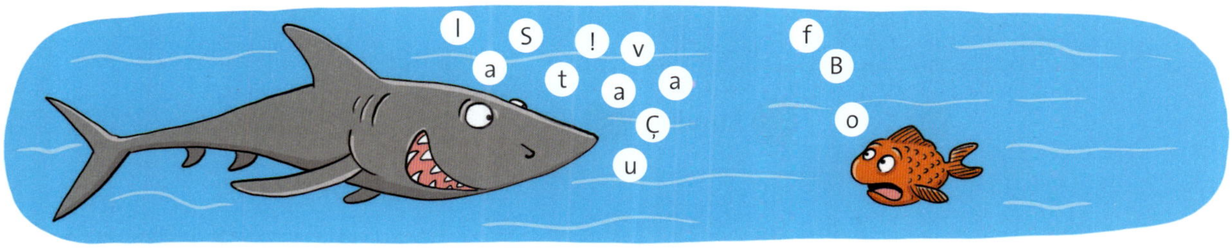

_______________________________________? _______________________________________...

5 **Ça va ? Écoute et coche.** | Hör dir die drei Dialoge an und kreuze das richtige Symbol an.

	1		2		3	
	Marie	Théo	Gad	Lili	Myriam	David
	X					

6 **Écoute et répète les phrases.** | Hier trainierst du deine Aussprache. Hör zu und sprich die Sätze nach dem Tonsignal nach.

– Ça va ? ... Ça va ? ... Ça va ? ... Ça va ?

– Bof... ... Bof... ... Bof... ... Bof...

– Ça va. ... Ça va. ... Ça va. ... Ça va.

– Super ! ... Super ! ... Super ! ... Super !

7 **À vous ! Jouez le dialogue.** | Spielt den Dialog mit verschiedenen Mitschülern und Mitschülerinnen in einem Doppelkreis.

A Salut !

B Salut !

A Ça va ?

B Ça va. / Super ! / Bof. Et toi ?

A Ça va. / Super ! / Bof.

B À plus !

8 a **Écoutez la chanson « Bonjour et au revoir » et chantez.** | Hört euch das Lied an und singt mit.

Salut ! Salut ! Ça va ? Ça va ?
Super, et toi ? Ça va, ça va !
Ah, ça sonne ! Ah, ça sonne !
Salut ! À plus ! Salut ! À plus !
Salut et à demain ! Salut et à demain !

Bonjour, la classe ! Bonjour, Madame !
Bonjour, la classe ! Bonjour, Monsieur !
Ah, ça sonne ! Ah, ça sonne !
Au revoir, Madame !
Au revoir, Monsieur !
Au revoir et à demain, au revoir et à demain !

b **Chantez.** | Singt das Lied noch einmal und haltet die entsprechenden Symbole hoch.

► Symbole: Pappkarten in der Mitte des Heftes

9 **Salut ! Salut ! Écris les salutations dans la colonne correspondante.** | Schreibe die Begrüßungs- und Verabschiedungsformen in die entsprechende Spalte.

Bonjour, Monsieur !
Salut !
Au revoir, Madame !
À plus !
À demain !

Begrüßung	Verabschiedung

10 **Lis les paroles de la chanson et réponds.** | Lies den Liedtext und beantworte die folgenden Fragen.

1. Wie begrüßt du Erwachsene?

___

2. Wie begrüßt du Jugendliche?

___

3. Wie verabschiedest du dich von Erwachsenen?

___

4. Wie verabschiedest du dich von Jugendlichen?

___

11 **Écoute.** | Hör zu. Begrüßen oder verabschieden sich die Personen?

Zu Erwachsenen sagst du *Bonjour, Madame !* oder *Bonjour, Monsieur !*.

	1	2	3	4	5	6	7	8	9
Begrüßen									
Verabschieden									

12 a **Retrouve les mots.** | Finde die Wörter und Ausdrücke aus dem Liedtext auf Seite 15 in deinem Heft wieder.

T	A	S	A	L	U	T	M	W	Ç	A	S	O	N	N	E
O	I	L	A	C	L	A	S	S	E	B	A	Ç	A	V	A
E	S	P	E	T	T	O	I	G	À	D	E	M	A	I	N
A	U	R	E	V	O	I	R	O	B	O	N	J	O	U	R
N	E	M	O	N	S	I	E	U	R	T	S	U	P	E	R
M	A	D	A	M	E	D	O	M	I	F	À	P	L	U	S

▸ p. 15/8

b **Complète la chanson.** | Setze die Wörter aus a in den Liedtext ein.

Salut ! S a l u t ! Ça va ? __ __ ?
__ , __ __ ? Ça va, ça va !
Ah, ça sonne ! Ah, __ __ !
Salut ! À plus ! Salut ! __ __ !
Salut et à demain ! Salut et à demain !

Bonjour, la classe ! __ , Madame !
Bonjour, __ __ ! Bonjour, Monsieur !
Ah, ça sonne ! Ah, ça sonne !
Au revoir, __ !
Au revoir, __ !
Au revoir et à demain, __ __
et __ __ !

c **Écoute et chante.** | Hör nun das Lied an und singe mit.

13 a **Retrouve les dialogues.** | Stelle die vier Dialoge wieder her. Schreibe die Nummer der Sprechblasen zum passenden Satz.

1

- [ ] Bof…
- [ ] Ça va. Et toi ?
- [1] Salut ! Ça va ?

2

- [ ] À plus !
- [ ] Ça sonne ! Salut !

3

- [ ] Bonjour, Madame !
- [ ] Bonjour, Issa !

4

- [ ] Au revoir, Monsieur !
- [ ] Au revoir ! À demain !

b **Écoute la solution et corrige si nécessaire.** | Hör dir nun die Lösung an und korrigiere, wenn nötig.

14 **Jouez le dialogue à deux.** | Spielt den Dialog zu zweit.

Tu as quel âge ?

1 **Écoutez la chanson des nombres et chantez.** | Hört euch das Zahlenlied an und singt mit.

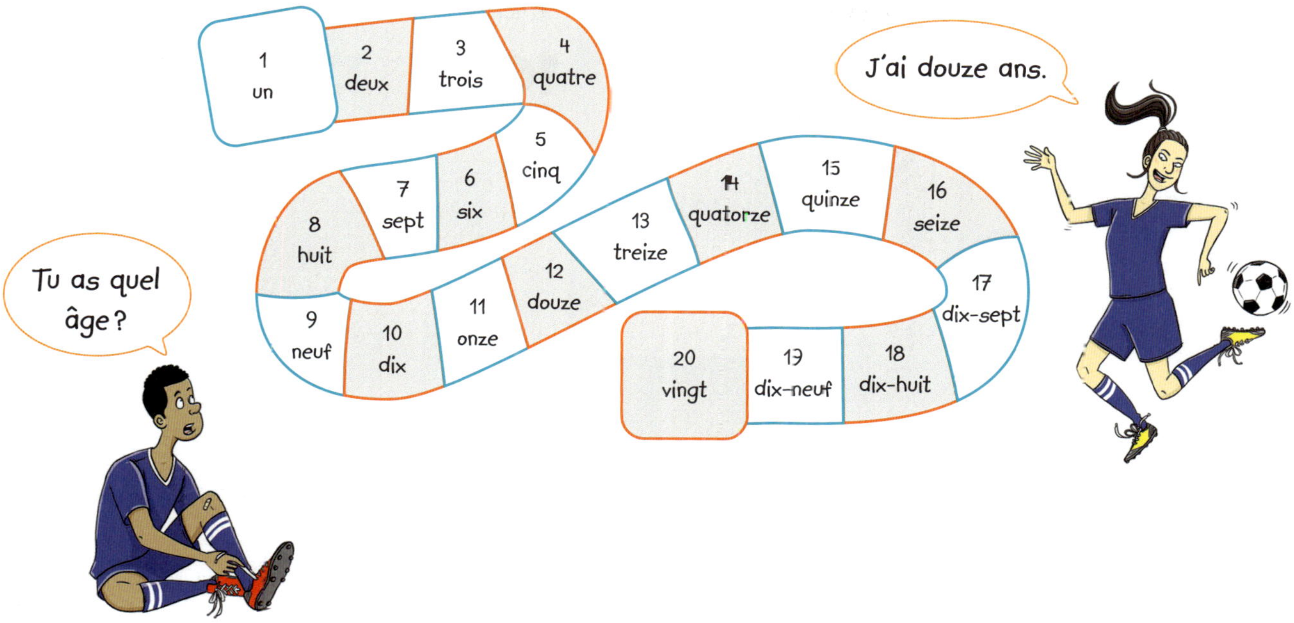

2 **Qu'est-ce qui va ensemble ? Relie.** | Was passt zusammen? Verbinde.

dix-sept | huit | treize | dix-huit | six | cinq | vingt | trois | quinze | seize

deux | neuf | onze | quatorze | dix | quatre | sept | dix-neuf | un | douze

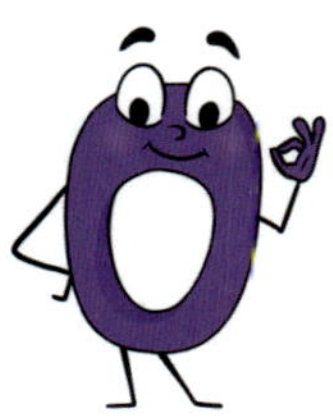

= ____________________

In der *Liste des mots* auf Seite 69 findest du heraus, wie „null" auf Französisch heißt.

3 a [s] ou [z] ? **Écoute et coche la bonne colonne.** | Welchen Laut hörst du? Hör zu und kreuze die richtige Zeile an. Achtung: Manchmal hörst du beide Laute!

	5	6	7	10	11	12	13	15	16	18
[s]	X									
[z]										

six‿ans

[s]	X
[z]	

dix‿ans

[s]	
[z]	

b Écoute encore une fois et répète. | Hör noch einmal zu und wiederhole die Zahlen.

4 Bingo. | Hör zu und umkreise die Nummern auf den Bingozetteln. Wer gewinnt?

Bingo !

BINGO

13	1	6	17
2	4	14	12
20	19	18	3
9	15	16	7

1

A Marine ☐

BINGO

3	11	16	18
20	2	12	4
5	14	7	13
6	9	15	17

B Léo ☐

BINGO

3	5	12	10
14	19	2	17
11	6	13	8
18	9	20	1

2

A Gabriel ☐

BINGO

2	11	18	9
12	20	3	14
16	8	17	6
1	13	10	4

B Emma ☐

BINGO

20	1	7	12
13	2	10	3
4	14	15	17
11	5	19	6

5 **Jouez.** | Spielt zusammen Bingo mit den Zahlen von 1–20.

BINGO

BINGO

BINGO

BINGO

Tu as quel âge ?

6 a **Donne les résultats de la course. Écoute et souligne le bon numéro.** | Gib die Ergebnisse des Rennens bekannt. Hör zu und unterstreiche die richtigen Zahlen.

b **À toi ! Note les bons numéros.** | Schreibe die richtigen Zahlen auf.

7 a **À vous !** | Ihr seid dran! Schreibt die Zahlen von 1 bis 20 auf Zettel. Jede/r zieht einen Zettel. Fragt euch, wie alt ihr seid, und antwortet. Spielt solange, bis ihr keine Zettel mehr habt.

b **Jouez à deux.** | Spielt zu zweit. Zählt abwechselnd von 1 bis 20. Jede/r darf eine oder zwei Zahlen nennen. Wer 20 sagen kann, gewinnt!

8 **Jouez à « Bof ».** | Spielt „Bof“. Einigt euch darauf, welche Zahlen ihr durch das Wort „bof“ ersetzt. Wer einen Fehler macht, ist raus!

9 **Regarde la vidéo. Ils ont quel âge ?** | Sieh dir das Video an. Wie alt sind Marine und Léo? Antworte auf Deutsch.

____

____

____

____

10 **Écoute et répète.** | Wie alt bist du? Sprich mit und präge dir dabei die Frage und die Antworten ein.

Tu as quel âge ?

J'ai **onze**‿ans.
J'ai **douze**‿ans.
J'ai **treize**‿ans.
J'ai **quatorze**‿ans.
J'ai **quinze**‿ans.

J'ai **seize**‿ans.
J'ai **dix-sept**‿ans.
J'ai **dix-huit**‿ans.
J'ai **dix-neuf**‿ans.
J'ai **vingt**‿ans.

11 **Écris les réponses.** | Wie alt sind sie? Schreibe die Antworten wie im Beispielsatz auf.

12 **Complète le dialogue.** | Finde heraus, was Amina und Tom sich erzählen und vervollständige ihr Gespräch.

Amina  13 ans

Tom  12 ans

1. Tu t'appelles comment ?
2. Je m'appelle Tom. Et toi ?
3. Je m'appelle Amina. Tu as quel âge ?
4. J'ai douze ans. Et toi ?
5. J'ai treize ans.
6. Ça va ?
7. Ça va. Et toi ?
8. Super !

13 a **Jouez le dialogue à deux.** | Spielt den Dialog zu zweit.

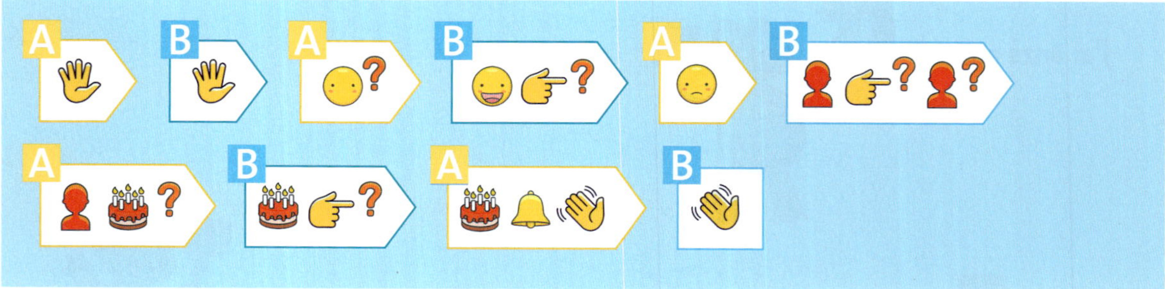

b Tauscht die Rollen und legt die Karten neu. Spielt den Dialog dann noch einmal.

Alle Symbole findest du zum Ausschneiden in der Mitte des Heftes.

Tu habites où ?

1 **Regarde le symbole et le titre. Puis, survole le dialogue.** | Sieh dir das Symbol und die Überschrift an und überfliege den Dialog. Worüber sprechen Marine und Léo?

____

2 **Regarde la vidéo encore une fois.** | Sieh dir das Video noch einmal an. Schreibe die Städtenamen in der Reihenfolge auf, wie sie im Video vorkommen.

En Allemagne
à **Berlin**
à ____________________
à ____________________
à ____________________
à ____________________

En France
à PARIS
à ____________________
à ____________________
à ____________________
à ____________________

Hanovre | Marseille | Toulouse | Leipzig | Brest | Lyon | Francfort | Cologne

3 a **C'est où ?** | Schau dir erst die Frankreichkarte hinten in deinem Heft an. Ordne nun die Ziffern von der kleinen blauen Karte der richtigen Stadt zu.

Marseille	
Paris	1
Lyon	
Brest	
Toulouse	

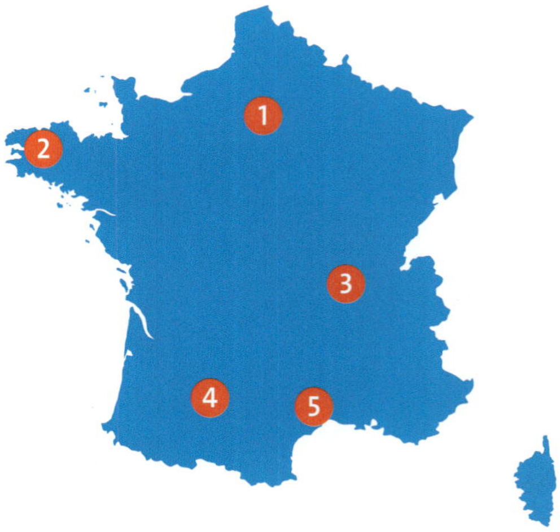

b **Wenn du noch eine andere französische Stadt kennst, trage sie in die Karte ein.**

4 a **Écoute les phrases.** | Hier stellen sich Jugendliche vor. Hör dir die Sätze erst an. Dann hör sie dir noch einmal an und murmele mit.

b **Écris les noms de villes.** | Schreibe die Städtenamen an die richtige Stelle.

Marseille
Toulouse
~~Paris~~
Brest
Lyon

1. Je m'appelle Marie et j'habite à Paris. ______

2. Je m'appelle Ernest et j'habite à ______

3. Je m'appelle Léon et j'habite à ______

4. Je m'appelle Mireille et j'habite à ______

5. Je m'appelle Faïrouz et j'habite à ______

5 a Qui habite où ? | Wer wohnt wo? Hör zu und lies mit. Kreuze die richtige Fahne an.

1 
Jan, Francfort — [Allemagne: X] [France:]

2 
Annika, Hanovre — [Allemagne:] [France:]

3 
Karim, Lyon — [Allemagne:] [France:]

4 
Lina, Munich — [Allemagne:] [France:]

5 
Emma, Marseille — [Allemagne:] [France:]

6 
Sami, Toulouse — [Allemagne:] [France:]

b Tu habites où ? | Wählt eine Person aus a aus. Dann stellt ihr Fragen und antwortet.

1. Tu habites où ?

3. Tu t'appelles Jan ?

2. J'habite en Allemagne, à Francfort.

6 a Complète les phrases. | Vervollständige die Sätze.

1 

2 

▸▸▸

b **Lis les phrases.** | Lies die Sätze aus 6a. Was bedeutet *moi aussi*?

Moi aussi = ______________________

7 a **Écoute et relie.** | Manche deutschen Städtenamen werden auf Französisch anders geschrieben und/oder ausgesprochen. Hör zu, lies und verbinde.

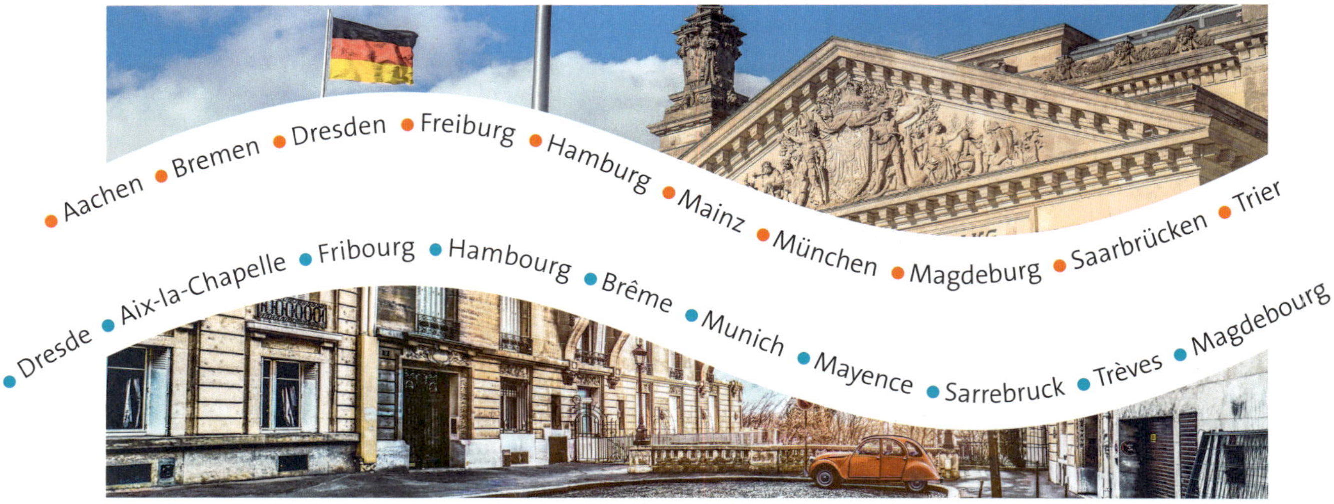

b **Hat dein Wohnort auch einen französischen Namen? Finde es auf der Karte Seite 51 oder in einem Online-Wörterbuch heraus.**

____

8 **C'est où ?** | Recherchiere in deinem Heft oder im Internet und ordne zu (1–16).

Paris ☐	Brest ☐	Nantes ☐
Rennes ☐	La Rochelle ☐	
Toulouse ☐	Montpellier ☐	
Bordeaux ☐	Marseille ☐	
Nice ☐	Bastia ☐	Lyon ☐
Dijon ☐	Metz ☐	
Strasbourg ☐	Lille ☐	

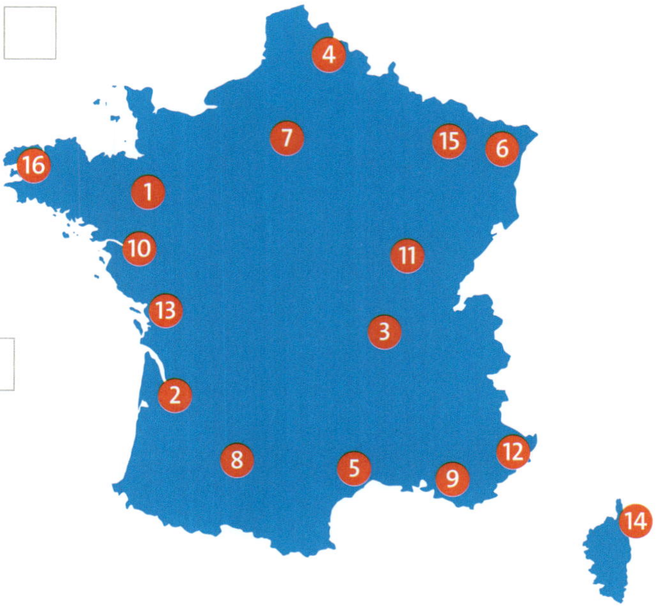

9 a **Retrouve l'ordre du dialogue.** | Bringe den Dialog in die richtige Reihenfolge.

	Je m'appelle Sami. Et toi ?
1	Salut !
	À plus, Tal !
	J'habite en Allemagne, à Leipzig. À plus !
	Je m'appelle Tal. Tu as quel âge ?
	J'ai 12 ans. Tu habites où ?
2	Salut ! Tu t'appelles comment ?
	J'habite à Toulouse. Et toi ?
	J'ai 13 ans. Et toi ?

b **Écoute la solution et corrige si nécessaire.** | Hör dir die Lösung an und korrigiere, wenn nötig.

c **Note le dialogue.** | Schreibe den Dialog auf.

Tu habites où ?

10 a **Écoute et répète.** | Hier übst du Laute, die es im Deutschen nicht gibt. Hör zu und sprich nach.

[ɑ̃] en France • comment • onze ans • Francfort • en Allemagne

[ɔ̃] bonjour • Lyon • onze ans • le Mont Blanc

b **Du kannst jetzt schon folgende Wörter aussprechen. Was könnten sie bedeuten?**

1 parents ____________

2 console ____________

3 tante ____________

4 bon ____________

5 oncle ____________

6 appartement ____________

11 a **Complète le dialogue.** | Vervollständige den Dialog mit den fehlenden Wörtern und Zeichen.

à • à • À • âge • ~~t'~~ • en • en • J' • J' • J'ai • m' • toi • où

1. Salut ! Tu t' appelles comment ? →
2. Je ___ appelle Klara. Et toi ?
3. Je m'appelle Mehdi. Tu as quel ___ ___ ___ ? →
4. ___ ai 13 ans. Et toi ?
5. ___ ___ ___ 14 ans. Tu habites où ? →
6. J'habite ___ Fribourg.
7. Ah, tu habites ___ ___ Allemagne ! →
8. Et ___ ___ ___ ? Tu habites ___ ___ ?
9. ___ habite ___ ___ France, ___ Sarrebourg ! →
10. ___ plus, Mehdi !

▸▸▸

b **C’est qui ?** | Wer stellt sich hier vor, Mehdi oder Klara? Finde die drei Sätze wieder und schreibe sie auf. Füge den richtigen Namen und die fehlenden Punkte hinzu.

Jem’appelle J’aitreizeansJ’habiteenAllemagneàFribourg

Je m’appelle ______________________________

____

12 **Tu habites où ?** | Wo wohnst du? Bereitet euren Dialog vor und spielt ihn zu zweit.

Ihr könnt euren Wohnort auch frei wählen. ▸Exercices 2+5+8

A: Salut !

B: Salut !

A: Tu t’appelles comment ?

B: Je m’appelle ____________. Et toi ?

A: Je m’appelle ____________. Tu habites où ?

B: ’habite en Allemagne, à (Bonn). Et toi, tu habites où ?

A: J’habite en France, à (Brest).

B: Ah, ça sonne ! À plus !

A: À plus !

13 **Jouez le dialogue à deux.** | Spielt den Dialog zu zweit.

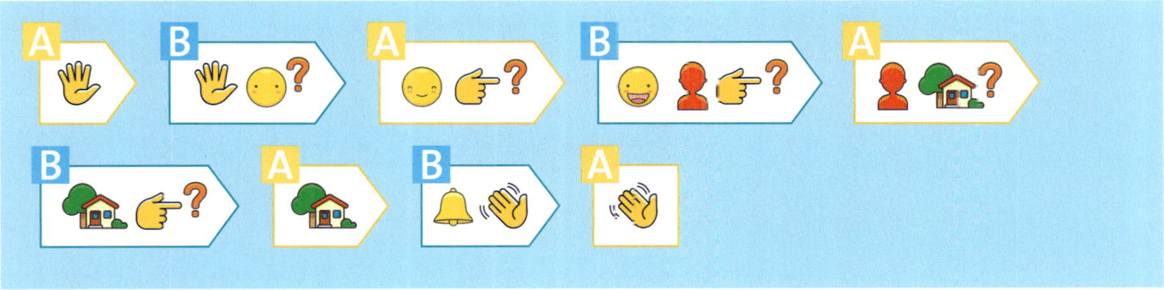

14 **À vous ! Jouez le dialogue.** | Stellt euch in zwei langen Reihen gegenüber auf und führt Dialoge. Nach dem ersten Gespräch gibt euch eure Lehrerin / eurer Lehrer ein Signal. Eine Reihe rückt dann zwei Plätze weiter auf.

15 **Salut l'artiste !** | Noémi aus Paris hat für dich ein Schild ihrer Stadt künstlerisch gestaltet. Gestalte ein Schild deines Wohnortes für sie.

1 **Écoute ou regarde.** | Hör zu oder sieh dir das Video an. Worum geht es?

____

– Salut ! Tu es en cinquième ?

– Oui, je suis en cinquième A.
Et toi, tu es en cinquième ?

– Non, je suis en sixième.
En sixième B.

– Ah, d'accord !

2 **Schreibe die deutschen Klassenstufen neben die französischen:**

6e = la sixième	die 6. Klasse
5e = la cinquième	______________
4e = la quatrième	______________
3e = la troisième	die 9. Klasse

3 **Écoute.** | Hör zu und schreibe die richtige Zahl zum passenden Bild. Achtung: Ein Bild bleibt übrig!

Hör dir die Dialoge so oft an, bis du das passende Bild gefunden hast.

A ☐

B ☐

C ☐

Tu es en cinquième?

4 Hörst du [ɛ̃] oder [ɑ̃]? Hebe bei [ɛ̃] wie in *Berlin* den rechten Arm, bei [ɑ̃] wie in *France* den linken.

en sixième • à demain • en France • comment • un • cinq • quinze • treize ans • vingt • en cinquième

5 Complète les phrases. | Vervollständige die Sätze.

6 Entraîne-toi au dialogue. | Hör zu und sprich nach dem Tonsignal nach.

A	B
Salut!	
	Salut!
Tu as quel âge?	
	J'ai 13 ans.
Je suis en cinquième. Et toi?	
	Moi aussi, je suis en cinquième.
Ah d'accord. À plus!	
	À plus!

7 **À vous ! Jouez le dialogue à deux.** | Bereitet euren Dialog vor und spielt ihn zu zweit.

A: Salut !

B: Salut ! Tu as quel âge ?

A: J'ai ______ ans. Et toi ?

B: Moi (aussi), j'ai ______ ans.

A: Tu es en ______________ ?

B:
- Oui, je suis en ______________.
- Non, je suis en ______________.

A: Ah d'accord.

B: Et toi, tu es en ______________ ?

A:
- Moi (aussi), je suis en ______________.
- Non, je suis en ______________.

B: Ah d'accord. À plus !

A: À plus !

8 **Jouez le dialogue à deux.** | Spielt den Dialog zu zweit.

Alle Symble findest du zum Ausschneiden in der Mitte des Heftes.

Mit 11 gehen alle Schüler/-innen in Frankreich auf das *collège*.
Das ist eine Art Gesamtschule mit vier Klassenstufen: 6. – 5. – 4. – 3. Klasse.
Fällt dir etwas auf?
Genau! In Frankreich werden die Klassen rückwärts gezählt.

Tu parles quelles langues ?

1 **Quelle langue va avec quel drapeau ?** | Hör dir die Namen der Sprachen an. Welche Sprache gehört zu welcher Fahne? Wenn du unsicher bist, recherchiere im Internet.

allemand ☐ — anglais ☐ — arabe ☐ — espagnol ☐

français ☐ — russe ☐ — turc ☐

2 **Écoute et réponds.** | Hör zu oder sieh dir das Video an. Welche Sprachen sprechen Marine und Léo?

– Je parle français et anglais. Et je parle un peu espagnol.
Et toi Léo, tu parles quelles langues ?

– Je parle français, anglais, allemand… et un peu arabe.

– Quatre langues, c'est super !

Marine parle :

Léo parle :

3 **Retrouve l'ordre des dialogues.** | Bringe die Dialoge in die richtige Reihenfolge.

1
- ☐ – Je parle français et espagnol.
- ☐ – Oui, je parle un peu arabe. Et toi ?
- 1 – Dounia, tu parles arabe ?

2
- ☐ – Moi aussi !
- ☐ – Lukas, tu parles quelles langues ?
- ☐ – Je parle allemand et anglais. Et je parle français ! Et toi ?

4 a Tu parles quelles langues ? | Hör dir an, welche Sprachen die Personen sprechen. Kreuze die richtigen Fahnen an.

b Wer spricht die meisten Sprachen?

____

5 Entraîne-toi au dialogue. | Hör zu und lies mit. Bei einer Lücke hörst du zu und sprichst nach.

1. – Lisa, tu parles __ ?
   – Moi, __. Et je parle __.
   – __ !
2. – Et toi, Jérôme, __ ?
   – Moi, __.
   – Trois langues, __ !

Hier prägst du dir wichtige Redemittel ein.

Tu parles quelles langues ?

6 a **Écoute et complète.** | Hör dir die Dialoge an und vervollständige die Wörter.

1
– Lisa, tu parles quelles langues ?
– Moi, je parle français et anglais.
Et je parle aussi allemand.
– Ah, d'accord !

2
– Et toi, Jérôme, tu parles quelles langues ?
– Moi, je parle français, allemand
et un peu anglais.
– Trois langues, c'est super !

b **Écoute et répète.** | Jetzt hör noch einmal zu und sprich die Dialoge von **a** nach.

7 Et toi, tu parles quelles langues ? | Und du? Welche Sprachen sprichst du?

Moi, je parle ______________________

____

Schau auf Seite 36 nach und wähle deine Sprache(n) aus.
Du kannst auch in einem Online-Wörterbuch nachschlagen.

Schwimmbad

Deutsch-Französisch **Wörterbuch** | Forum | Trainer

Suchrichtung: <> Ergebnisse für „Schwimmbad"

Version française Ankündigungen 19.863 Einträge 37.502 Anfragen

FRANZÖSISCH	DEUTSCH
Speichern der ausgewählten Wörter im Trainer	1 Treffer
Unmittelbare Treffer	
piscine SUBST *f.*	das Schwimmbad

8 **À vous !** | Geht im Klassenraum herum und führt kurze Gespräche zu zweit.

A
Salut !
Tu parles quelles langues ?

B
Je parle allemand/anglais/
________________ et un peu français.

A
- Deux / Trois / ________________ langues, c'est super !
- Ah, d'accord !

B
Et toi, tu parles quelles langues ?

A
Moi, je parle allemand/anglais/
________________ et
un peu français / ________________.

B
- Deux / Trois / ________________ langues, c'est super !
- Ah, d'accord !

A
Ah, ça sonne ! À plus !

B
À plus !

9 **Jouez le dialogue à deux.** | Spielt den Dialog zu zweit.

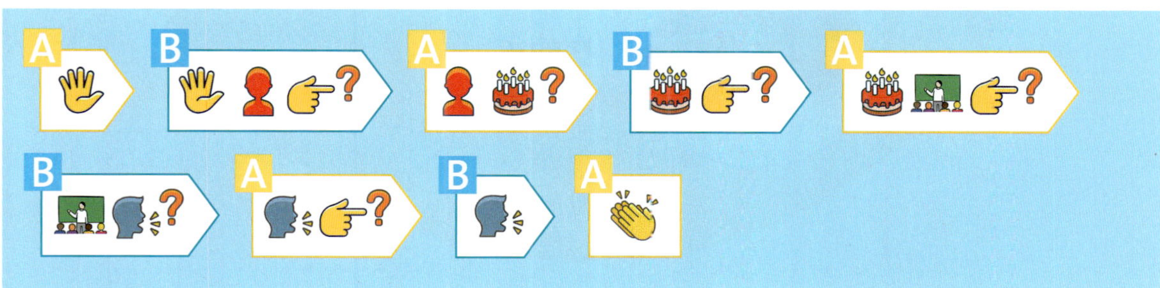

Alle Symbole findest du zum Ausschneiden in der Mitte des Heftes.

J’aime les jeux vidéo et le chocolat !

les jeux vidéo

la musique

le sport

j’aime

le chocolat

la salade

la pizza

1 a **Écoute et montre.** | Hör zu und zeige auf die passenden Bilder.

b **Puis écoute et répète.** | Dann hör zu, zeige auf die passenden Bilder und sprich die Wörter nach dem Tonsignal nach.

Mit diesen Symbolkarten trainierst du Dialoge.
✂ Schneide sie aus und bewahre sie in einem Briefumschlag auf.
Wähle zum Üben die Symbole, die ihr gerade im Unterricht behandelt, also z. B. bis *Tu es en cinquième ?* → Die Information steht auf der Rückseite der Kärtchen.

Variante 1

Legt einen Dialog mit Hilfe der Symbole. Dann sprecht den Dialog. A fängt an. B dreht das erste Kärtchen danach um und überprüft, ob A noch etwas verbessern kann. Dann ist B dran und A prüft usw. Ein Beispiel für eine Reihenfolge findet ihr z. B. auf der Seite 11, Aufgabe 12 in diesem Heft.

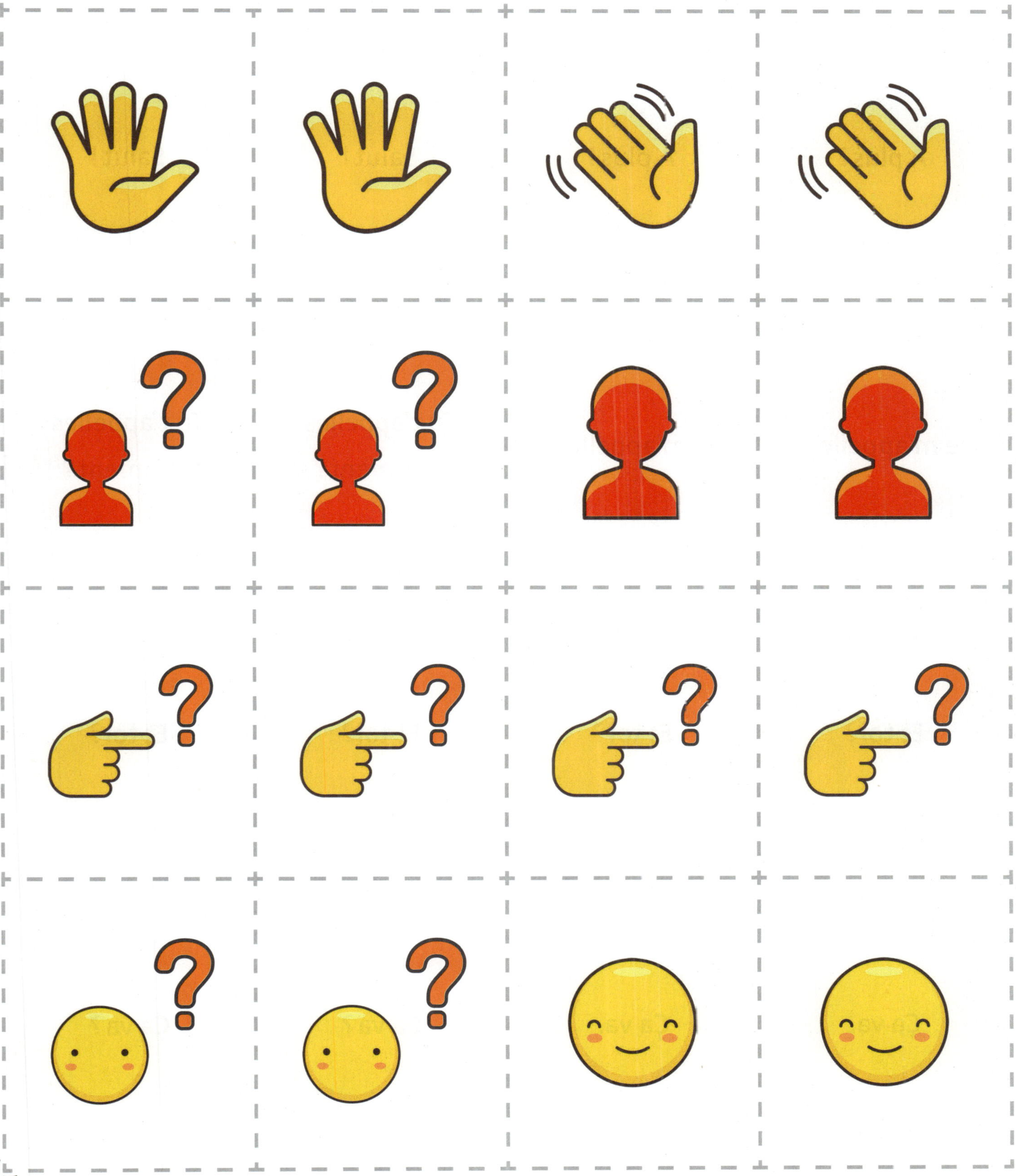

A

Variante 2
Ihr könnt auch Zufallsdialoge sprechen: zieht 3–10 Kärtchen aus dem Stapel und legt sie vor euch ab. Sprecht einen Dialog, in dem ihr alle Symbole vorkommen lasst, die vor euch liegen.

Variante 3
Mische die Kärtchen und lege sie auf einen Stapel mit dem Symbol nach oben. Ziehe eine Karte, sage, was das Symbol bedeutet, und kontrolliere mit Hilfe der Rückseite. Lösung richtig? Lege die Karte zur Seite. Lösung falsch? Lege die Karte wieder unter den Stapel. Weiter geht's!

À plus !	**À plus !**	**Salut !**	**Salut !**
Je m'appelle…	**Je m'appelle…**	**Tu t'appelles comment ?**	**Tu t'appelles comment ?**
Et toi ?	**Et toi ?**	**Et toi ?**	**Et toi ?**
Ça va.	**Ça va.**	**Ça va ?**	**Ça va ?**

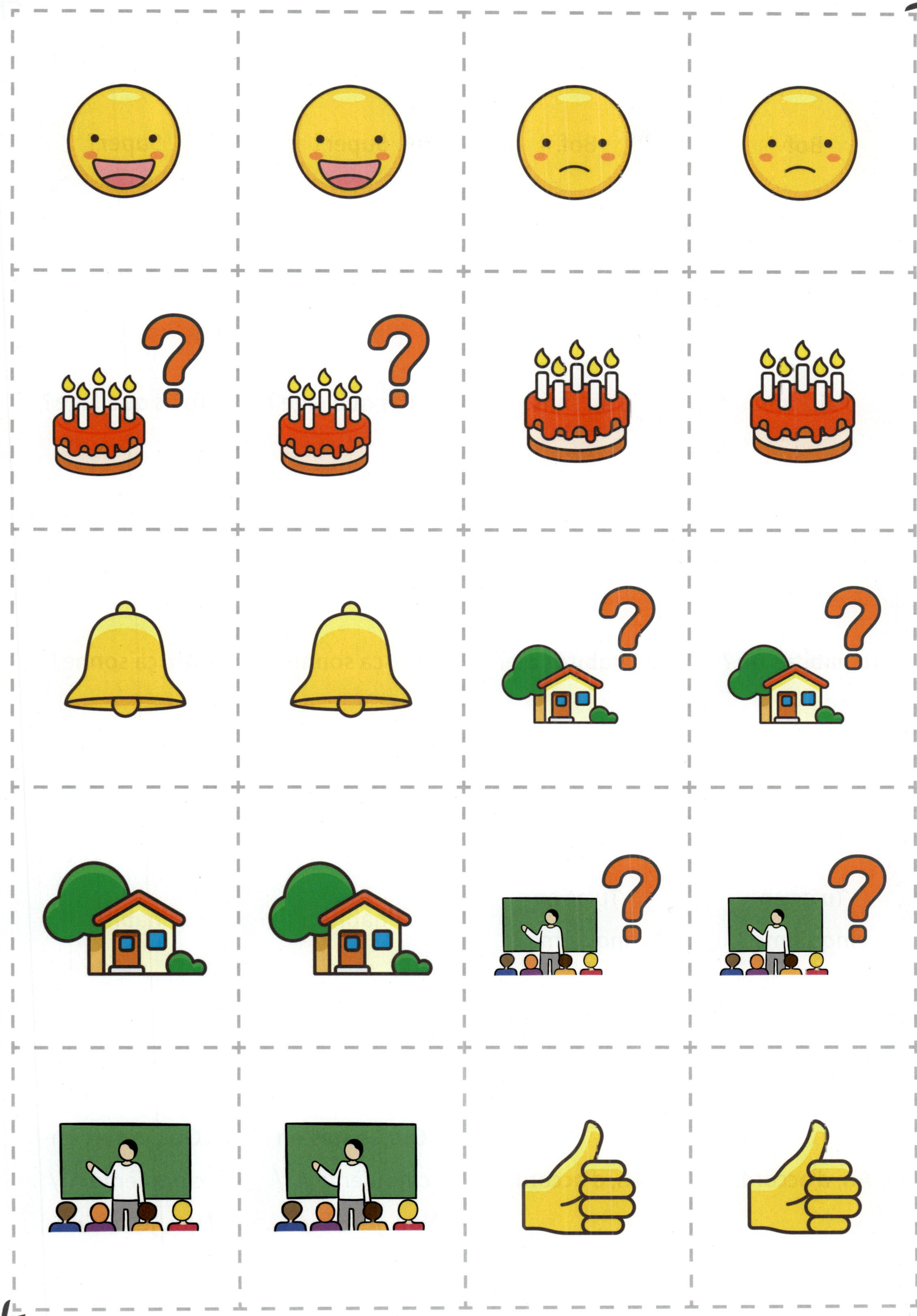

Bof.	Bof.	Super !	Super !
J'ai... ans.	J'ai... ans.	Tu as quel âge ?	Tu as quel âge ?
Tu habites où ?	Tu habites où ?	Ah, ça sonne !	Ah, ça sonne !
Tu es en cinquième ?	Tu es en cinquième ?	J'habite...	J'habite...
Ah, d'accord.	Ah, d'accord.	Oui, je suis en cinquième A. / Non, je suis en...	Oui, je suis en cinquième A. / Non, je suis en...

Je parle…	Je parle…	Tu parles quelles langues ?	Tu parles quelles langues ?
anglais	anglais	français	français
C’est super !	C’est super !	allemand	allemand
Je n’aime pas…	Je n’aime pas…	J’aime…	J’aime…
la musique	la musique	les jeux vidéo	les jeux vidéo

le chocolat	le chocolat	le sport	le sport
la pizza	la pizza	la salade	la salade
les rats	les rats	les chats	les chats
le bleu	le bleu	les chiens	les chiens
le rouge	le rouge	le noir	le noir

les chats

les chiens

les rats

je n'aime pas

le noir

le bleu

le rouge

2 **Écoute et répète.** | Einige Wörter ähneln sich im Deutschen, Englischen und Französischen. Hör zu, achte genau auf die Aussprache und sprich nach dem Tonsignal nach.

Deutsch	English	Français
Schokolade	chocolate	chocolat
Musik	music	musique
blau	blue	bleu
Salat	salad	salade
Sport	sports	sport
Ratten	rats	rats

3 **a** **Lis les mots.** | Achte nun nur auf die Schreibweise. Welche Unterschiede gibt es? Markiere sie.

Deutsch	English	Français
Salat	salad	salade
Schokolade	chocolate	chocolat
Musik	music	musique
Ratten	rats	rats
blau	blue	bleu

Nur im Deutschen werden Nomen groß geschrieben.

b **Schau jetzt auf Seite 72 in deinem Heft nach: zwei Wörter schreibst du in allen Sprachen gleich – von der Großschreibung abgesehen: welche?**

____

c **Écoute les mots.** | Hör dir die Wörter an. Streiche die Buchstaben durch, die man nicht ausspricht.

sport

chocolat

salade

chats

rats

4 **Écris les noms dans la bonne colonne.** | Schreibe die Nomen in die richtige Spalte.

les chats • ~~les jeux vidéo~~ • la musique • le rouge • le sport • la pizza • le chocolat • le noir • les rats • le bleu • la salade • les chiens

			les jeux vidéo

5 a **Souligne l'intrus.** | Finde heraus, welches Wort jeweils nicht zu den anderen passt und unterstreiche es.

1. le bleu • le rouge • le sport
2. le noir • les chiens • les chats
3. la salade • la musique • la pizza

b **Trouvez l'intrus.** | Eine/r sagt drei Wörter, von denen eins nicht zu den anderen passt. Die anderen finden heraus, welches.

les chiens – les jeux vidéo – les rats → les jeux vidéo

6 **Écoute le dialogue ou regarde la vidéo.** | Hör zu oder sieh dir das Video an. Was mögen Marine und Léo? Was mögen sie nicht?

J'aime les jeux vidéo, la pizza… et j'aime les chiens. Mais je n'aime pas les chats.

J'aime les jeux vidéo et le chocolat !

7 a **Regarde la vidéo encore une fois.** | Sieh dir das Video noch einmal an und lies mit.

- J'aime la musique !
- Moi, j'aime le rouge !
- Et moi, j'aime le chocolat !
- Je n'aime pas le sport, je n'aime pas la salade et je n'aime pas les rats.
- J'aime les jeux vidéo, la pizza et j'aime les chiens. Mais je n'aime pas les chats.

b **Wie sagt man auf Französisch …**

1. dass man etwas mag? ______________________
2. dass man etwas nicht mag? ______________________
3. „und"? ______________________
4. „aber"? ______________________

8 **C'est qui ? Écoute et coche la solution.** | Wer ist wer? Hör zu und kreuze die Lösung an.

1

A

B

2

A

B

9 **Écoute et répète après le signal sonore.** | Hör zu und sprich nach dem Tonsignal nach.

1. 
2. 
3. 
4. 

10 **Sépare les mots et écris les phrases.** | Trenne die Wörter voneinander und schreibe die Sätze auf. Vergiss die Satzzeichen nicht!

1. J'aimeleschatslamusiqueetlechocolat

J'aime les chats, ______________________________

2. J'aimelenoirmaisjen'aimepaslerouge

____

3. Jen'aimepaslesratsmaisj'aimeleschiens

____

11 **Dalia se présente.** | Dalia stellt sich vor. Vervollständige ihre Sätze auf Französisch.

1. Hallo!	☐☐☐☐☐ !
2. Ich heiße Dalia.	☐☐ ☐'☐☐☐☐☐☐☐ Dalia.
3. Ich bin 13 Jahre alt.	J'ai 13 ☐☐☐.
4. Ich wohne in Paris.	☐'☐☐☐☐☐☐ à Paris.
5. Ich bin in der 7. Klasse.	Je suis ☐☐ c i n q u i è m e.
6. Ich spreche Französisch und Deutsch.	Je ☐☐☐☐☐ français et allemand.
7. Ich mag Sport und Katzen.	☐'☐☐☐☐ e sport et les chats.
8. Aber ich mag keine Ratten!	☐☐☐☐ je n'aime pas les rats !

12 **Qui est Raphaël ? Écoute et coche.** | Wer ist Raphaël? Hör zu und kreuze die Lösung an.

13 **Jouez.** | Spielt Kofferpacken. Wer am weitesten kommt, hat gewonnen!

1. J'aime le sport. Et toi ?

2. J'aime le sport et la musique. Et toi ?

3. J'aime le sport, la musique et les chats. Et toi ?

4. J'aime le sport, la musique, les chats et le rouge. Et toi ?

14 **Et toi ?** | Und du? Was magst du? Was nicht? Schreibe auf.

15 **À vous ! Faites le dialogue.** | Bereitet zu zweit euren Dialog vor (→ ex. 14). Dann übt den Dialog zusammen.

Hobbys | Essen | Farben | Tiere

A Salut !

B Salut !

A Moi, j'aime (le sport). Et toi ?

B Moi, j'aime (la musique).

A J'aime aussi (le chocolat). Mais je n'aime pas (la pizza). Et toi ?

B J'aime (la salade). Mais je n'aime pas (le chocolat).

A J'aime (le rouge). Et toi ?

B Moi, j'aime (le bleu). J'aime aussi (les chats). Mais je n'aime pas (les chiens). Et toi ?

A J'aime (les chats). Mais je n'aime pas (les rats).

B Ah, d'accord !

A À plus !

B À plus !

16 **Jouez le dialogue à deux.** | Spielt den Dialog zu zweit.

C'est parti !

1 **C'est parti !** | Jetzt könnt ihr schon ein richtiges Gespräch auf Französisch führen! Geht im Klassenraum herum und unterhaltet euch.

Hör dir vorher den Dialog an und murmelt leise mit. Das trainiert!

A Salut !

B Salut !

A Ça va ?

B Ça va. / Super ! / Bof.
Et toi ?

A Ça va. / Super ! / Bof.
Tu t'appelles comment ?

B Je m'appelle ________________.
Et toi ?

A Je m'appelle ________________.
Tu as quel âge ?

B J'ai ______ ans. Et toi ?

A J'ai ______ ans.

B Tu habites où ?

A J'habite en Allemagne, à ________________. Et toi ?

B Moi (aussi), j'habite en Allemagne, à ________________. Tu es en cinquième ?

A
- Oui, je suis en cinquième (A).
  Et toi ?
- Non, je suis en sixième (B).
  Et toi ?

B
- Moi (aussi), je suis en cinquième (A).
- Moi, je suis en sixième (B).

A

Ah, d'accord !

Tu parles quelles langues ?

B

Moi, je parle allemand/anglais/ ____________ et un peu français / ____________.

A

• Deux/Trois/ ____________ langues, c'est super !

• Ah, d'accord !

B

Et toi, tu parles quelles langues ?

A

Moi, je parle allemand/anglais/ ____________ et un peu français / ____________.

B

• Deux/Trois/ ____________ langues, c'est super !

• Ah, d'accord !

A

J'aime ____________ et ____________. J'aime aussi ____________. Mais je n'aime pas ____________.

Et toi ?

B

J'aime ____________ et ____________. J'aime aussi ____________. Mais je n'aime pas ____________.

A

Ah, ça sonne ! À plus !

B

À plus !

MARSEILLE

LE MASSIF CENTRAL

NANTES

L'OCÉAN ATLANTIQUE

LA FRANCE

INFOS

Superficie:	632 734 km^2
Population:	68 millions (2021)
Capitale:	Paris (2,2 millions d'habitants/habitantes)
Monnaie:	l'euro
Fête nationale:	le 14 juillet

L'ALLEMAGNE

INFOS

Superficie : 357 581 km²
Population : 83 millions (2021)
Capitale : Berlin (3,6 millions d'habitants/habitantes)
Monnaie : l'euro
Fête nationale : le 3 octobre

LES MONTS MÉTALLIFÈRES

BRÊME

FRANCFORT-SUR-LE-MAIN

LA FORÊT NOIRE

1 a **Complète le tableau.** | Ergänze die Tabelle zu Frankreich und Deutschland mit Hilfe der Informationen auf den Seiten 50–51 in deinem Heft.

	Frankreich		Deutschland	
Fläche	632 734 m²			
Einwohner/ -innen				
Hauptstadt (Einwohner)				
Längster Fluss	la Loire (1006 km)			
Höchster Berg				
Nachbarländer				

b **Welches Land erhält die meisten Siegerpokale? Male sie aus oder kreise sie ein.**

Die meisten Pokale erhält: ______________________

2 **Recherchiert im Internet.**

185 m • 151 m • 343 m • 161 m

1. Welche Brücke ist am höchsten?

Viaduc de Millau

____

Kochertalbrücke

____

2. Wo steht der höchste Kirchturm?

Münster in Ulm

____

Cathédrale de Rouen

____

3 **Complète.** | Ergänze deine persönliche Frankreichkarte mit Hilfe der Karte hinten in diesem Heft.

La France

L'alphabet

1 a **Écoute l'alphabet et répète.** | Hör dir das Alphabet an und sprich nach.

b **Écoutez et chantez le rap de l'alphabet.** |
Hört euch den Alphabet-Rap an und singt mit.

A, B, C, D, E, F, G,
Qu'est-ce que c'est ?
C'est l'alphabet.
H, I, J, K, L, M, N, O, P,
Qu'est-ce que c'est ?
C'est l'alphabet.
Q, R, S, T, U, V, W,
Qu'est-ce que c'est ?
C'est l'alphabet.
X, Y, Z, c'est terminé.
Qu'est-ce que c'est ?
C'est l'alphabet.

2 a **Écoute.** | Hör zu und kreise die Buchstaben ein, die du hörst.

(A) B C D E F G H I J K L M N O P Q R S T U V W X Y Z

b **Écoute.** | Hör zu und kreuze an, welchen Buchstaben du hörst.

1 ☐ p ☒ g
2 ☐ c ☐ s
3 ☐ i ☐ j
4 ☐ h ☐ a
5 ☐ q ☐ u
6 ☐ v ☐ w

3 **Faites un test de vue.** | Macht einen Sehtest. Partner A hält das Heft, Partner B geht drei Schritte zurück und liest die Buchstaben. Wechselt euch ab.

4 a **Jouez.** | Spielt. A buchstabiert die französischen Wörter auf der Karte und B schreibt sie auf. Dann buchstabiert B.

A
chat
langue
musique
chocolat
quatorze

B
sixième
sport
sympa
salut
classe

b **Trouvez le mot.** | Findet das Wort. Eine/-r wählt ein Wort aus. Die anderen nennen einzelne Buchstaben, bis sie das Wort erraten haben. ► Liste des mots, p. 68–75

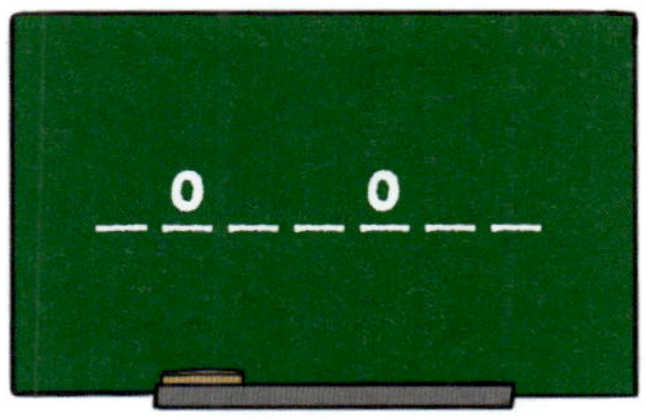

5

Trouvez des mots. | Findet in der Wortliste je ein Wort oder Ausdruck ...

▶ Liste des mots, p. 68–75

1. ... mit *apostrophe*,
2. ... mit c *cédille*,
3. ... die mit *e accent aigu* beginnen,
4. ... mit *e accent grave*,
5. ... mit *e accent circonflexe*.

Das Zeichen **'** heißt *apostrophe*.
Der Buchstabe **ç** heißt *c cédille*.
Der Buchstabe **é** heißt e *accent aigu*.
Der Buchstabe **è** heißt *e accent grave*.
Der Buchstabe **ê** heißt *e accent circonflexe*.
Der Buchstabe **ë** heißt *e tréma*.

6

a **Écoute et écris.** | Hör zu und schreibe die Nachnamen von Léa und Gad auf.

b **Und wie buchstabierst du deinen Namen auf Französisch? Buchstabiert euch eure Namen gegenseitig.**

7

Écoutez et lisez le dialogue. Puis, posez des questions à votre partenaire. Il/Elle répond. | Hört euch den Dialog an und lest mit. Dann stellt ihr eurem/eurer Partner/-in Fragen. Er/Sie antwortet. ▶ Liste des mots, p. 68–75 ▶ L'alphabet, p. 67

En cours de français

1 a **Écoute la chanson, montre les objets et chante.** | Hör zu, zeige auf die Gegenstände und Personen im Bild und sing mit.

Voilà la prof et les élèves dans la classe.
Voilà une porte et une fenêtre dans la classe.
Il y a une chaise et une table dans la classe.
Il y a un livre et un cahier dans la classe.

Refrain
Madame, s'il vous plaît,
j'ai une question !
Je ne comprends pas.
Est-ce que vous pouvez
répéter encore une fois ?

Voilà un mot sur le tableau dans la classe.
Voilà une phrase sur le poster dans la classe.
Il y a une trousse et un stylo dans le sac.
Une feuille, un livre et une tablette dans le sac.

Refrain

b **Jouez.** | Spielt Kofferpacken. Zählt auf, was es in eurem Klassenraum gibt.

Exemple : **A :** Dans la classe, il y a des chaises.
B : Dans la classe, il y a des chaises et __.
C : __

Mit Klebezetteln lernen:
Schreibe die französischen Wörter auf Klebezettel und klebe sie an die entsprechenden Gegenstände im Klassenraum.
► Méthodes, p. 65

2 **Écris sept paires de mots.** | Was passt zusammen? Schreibe 7 Wortpaare zum Thema „*En cours*" (Im Unterricht) auf. Achtung, zwei Wörter passen nicht dazu.

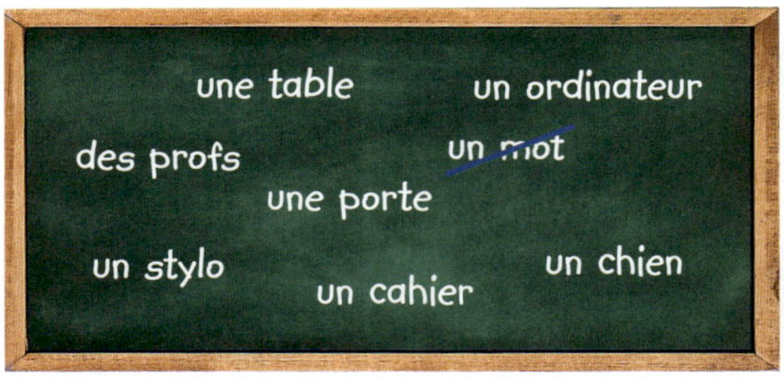

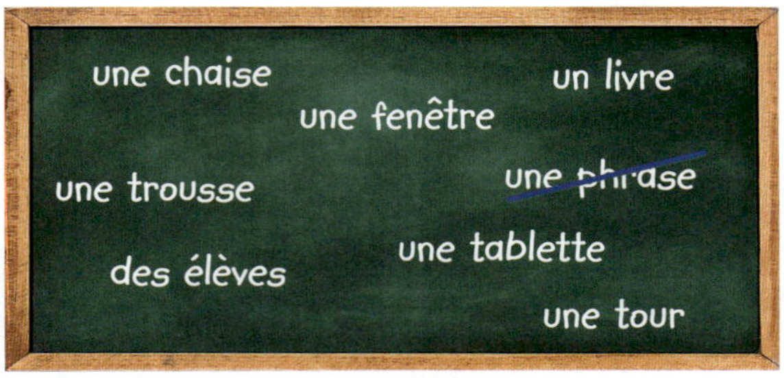

une mot / une phrase, ______________________________

____

3 **Écoute et complète la chanson.** | Vervollständige zuerst die Strophen mit den Wörtern aus 1. Ergänze dann die Wendungen im Refrain mit Hilfe des Liedtextes aus Seite 57.

Voilà la prof et les élèves __________ dans la classe.

Voilà une p __________ et une f __________ dans la classe.

Il y a une ch __________ et une t __________ dans la classe.

Il y a un l __________ et un ca __________ dans la classe.

Refrain : Madame, s'il vous plaît, j'ai ______________________ !

____

Est-ce que vous pouvez répéter encore une fois ?

Voilà un m __________ sur le tableau dans la classe.

Voilà une ph __________ sur le poster dans la classe.

Il y a une tr __________ et un st __________ dans le sac.

Une feuille, un livre et une ta __________ dans le sac.

4 **Fais deux mots-images.** | Suche dir zwei Wörter aus 1 aus und zeichne zwei „Bildwörter“ wie im Beispiel.

5 **Écoute et lis.** | Hör dir die Unterrichtsszene an. Beim zweiten Mal liest du murmelnd mit.

6 **Comment on dit en français... ?** | Was sagst du auf Französisch, wenn ...

a. ... du (mit einer Aufgabe) fertig bist?
b. ... du auf die Toilette gehen möchtest?
c. ... du deine Hausaufgaben nicht dabei hast?
d. ... dein/-e Lehrer/-in etwas wiederholen soll?
e. ... du ein Wort auf Französisch nicht kennst?
f. ... du etwas nicht verstehst?
g. ... du nicht sicher bist, ob du dran bist?
h. ... du sagen willst, dass jemand dran ist?
i. ... du eine Frage hast?

7 **Faites un poster.** | Gestaltet ein Lernplakat mit wichtigen Sätzen für den Französischunterricht und hängt es gut sichtbar im Klassenzimmer auf.

Fêtes et traditions

Le 6 janvier, c'est la ***fête des Rois***. On mange la galette des Rois. Dans la galette, il y a une fève. Si tu trouves la fève, tu es le roi ou la reine.

Le 2 février, c'est la ***Chandeleur***. On fait des crêpes. ▶ Du findest das Rezept auf Seite 62.

En février, on fête le ***Nouvel An chinois***.

JANVIER	FÉVRIER	MARS	AVRIL	MAI	JUIN
Ve 1	Lu 1	Lu 1	Je 1	Sa 1	Ma 1
Sa 2	Ma 2	Ma 2	Ve 2	Di 2	Me 2
Di 3	Me 3	Me 3	Sa 3	Lu 3	Je 3
Lu 4	Je 4	Je 4	Di 4	Ma 4	Ve 4
Ma 5	Ve 5	Ve 5	Lu 5	Me 5	Sa 5
Me 6	Sa 6	Sa 6	Ma 6	Je 6	Di 6
Je 7	Di 7	Di 7	Me 7	Ve 7	Lu 7
Ve 8	Lu 8	Lu 8	Je 8	Sa 8	Ma 8
Sa 9	Ma 9	Ma 9	Ve 9	Di 9	Me 9
Di 10	Me 10	Me 10	Sa 10	Lu 10	Je 10
Lu 11	Je 11	Je 11	Di 11	Ma 11	Ve 11
Ma 12	Ve 12	Ve 12	Lu 12	Me 12	Sa 12
Me 13	Sa 13	Sa 13	Ma 13	Je 13	Di 13
Je 14	Di 14	Di 14	Me 14	Ve 14	Lu 14
Ve 15	Lu 15	Lu 15	Je 15	Sa 15	Ma 15
Sa 16	Ma 16	Ma 16	Ve 16	Di 16	Me 16
Di 17	Me 17	Me 17	Sa 17	Lu 17	Je 17
Lu 18	Je 18	Je 18	Di 18	Ma 18	Ve 18
Ma 19	Ve 19	Ve 19	Lu 19	Me 19	Sa 19
Me 20	Sa 20	Sa 20	Ma 20	Je 20	Di 20
Je 21	Di 21	Di 21	Me 21	Ve 21	Lu 21
Ve 22	Lu 22	Lu 22	Je 22	Sa 22	Ma 22
Sa 23	Ma 23	Ma 23	Ve 23	Di 23	Me 23
Di 24	Me 24	Me 24	Sa 24	Lu 24	Je 24
Lu 25	Je 25	Je 25	Di 25	Ma 25	Ve 25
Ma 26	Ve 26	Ve 26	Lu 26	Me 26	Sa 26
Me 27	Sa 27	Sa 27	Ma 27	Je 27	Di 27
Je 28	Di 28	Di 28	Me 28	Ve 28	Lu 28
Ve 29		Lu 29	Je 29	Sa 29	Ma 29
Sa 30		Ma 30	Ve 30	Di 30	Me 30
Di 31		Mi 31		Lu 31	

À Pâques, les enfants cherchent des œufs et des cloches en chocolat dans le jardin.

Le premier avril, on colle des poissons en papier dans le dos des gens.

L'Aïd-el-Fitr, c'est la fin du Ramadan. Les familles se retrouvent et mangent ensemble.

Le 21 juin, c'est la ***Fête de la Musique***. On fait de la musique dans les rues et dans les parcs.

1 Schaut euch zu zweit die Doppelseite an und lest die Informationen zu den Festen und Traditionen in Frankreich.

Wenn du ein Wort nicht verstehst, schlage es online nach. ▶ Méthodes, p. 66

JUILLET	AOÛT	SEPTEMBRE	OCTOBRE	NOVEMBRE	DÉCEMBRE
Je 1	Di 1	Me 1	Ve 1	Lu 1	Me 1
Ve 2	Lu 2	Je 2	Sa 2	Ma 2	Je 2
Sa 3	Ma 3	Ve 3	Di 3	Me 3	Ve 3
Di 4	Me 4	Sa 4	Lu 4	Je 4	Sa 4
Lu 5	Je 5	Di 5	Ma 5	Ve 5	Do 5
Ma 6	Ve 6	Lu 6	Me 6	Sa 6	Lu 6
Me 7	Sa 7	Ma 7	Je 7	Di 7	Ma 7
Je 8	Di 8	Me 8	Ve 8	Lu 8	Me 8
Ve 9	Lu 9	Je 9	Sa 9	Ma 9	Je 9
Sa 10	Ma 10	Ve 10	Di 10	Me 10	Ve 10
Di 11	Me 11	Sa 11	Lu 11	Je 11	Sa 11
Lu 12	Je 12	Di 12	Ma 12	Ve 12	Di 12
Ma 13	Ve 13	Lu 13	Me 13	Sa 13	Lu 13
Me 14	Sa 14	Ma 14	Je 14	Di 14	Ma 14
Je 15	Di 15	Me 15	Ve 15	Lu 15	Me 15
Ve 16	Lu 16	Je 16	Sa 16	Ma 16	Je 16
Sa 17	Ma 17	Ve 17	Di 17	Me 17	Ve 17
Di 18	Me 18	Sa 18	Lu 18	Je 18	Sa 18
Lu 19	Je 19	Di 19	Ma 19	Ve 19	Di 19
Ma 20	Ve 20	Lu 20	Me 20	Sa 20	Lu 20
Me 21	Sa 21	Ma 21	Je 21	Di 21	Ma 21
Je 22	Di 22	Me 22	Ve 22	Lu 22	Me 22
Ve 23	Lu 23	Je 23	Sa 23	Ma 23	Je 23
Sa 24	Ma 24	Ve 24	Di 24	Me 24	Ve 24
Di 25	Me 25	Sa 25	Lu 25	Je 25	Sa 25
Lu 26	Je 26	Di 26	Ma 26	Ve 26	Di 26
Ma 27	Ve 27	Lu 27	Me 27	Sa 27	Lu 27
Me 28	Sa 28	Ma 28	Je 28	Di 28	Ma 28
Je 29	Di 29	Me 29	Ve 29	Lu 29	Me 29
Ve 30	Lu 30	Je 30	Sa 30	Ma 30	Je 30
Sa 31	Ma 31		Di 31		Ve 31

vacances

vacances

Le 14 juillet est le ***jour de la fête nationale***. Le soir, il y a un feu d'artifice.

En juillet et août, les élèves sont en ***vacances***.
En septembre, c'est la ***rentrée*** : les élèves retournent à l'école.

En France, **le 31 octobre**, on fête aussi ***Halloween***. Il y a des citrouilles partout.

À ***Hanoucca***, on allume huit bougies le soir pendant huit jours et on chante des chansons.

À ***Noël***, on décore le sapin et la maison. Le père Noël apporte les cadeaux. On ouvre les cadeaux le **25 décembre**.

En juillet, le ***Tour de France*** arrive à Paris.

2 a Vergleiche die französischen Feste und Traditionen mit denen, die du von zu Hause kennst. Was ist gleich? Was ist anders? Mache dir Notizen auf Deutsch.

b Wählt gemeinsam drei Feste oder Traditionen aus und tragt die Unterschiede und Gemeinsamkeiten aus 2a zusammen.

Préparez des crêpes pour la Chandeleur !

La recette des crêpes

Pour 12 crêpes, il faut :

- 250 g de farine
- 4 œufs
- 450 ml de lait
- 50 g de sucre
- un peu de sel
- 50 g de beurre

1

Faire fondre le beurre.

2

Battre les œufs dans un grand bol. Ajouter le beurre et le lait, puis mélanger.

3

Ajouter la farine, le sucre et le sel. Mélanger, puis laisser reposer pendant 30 minutes.

4

Faire cuire les crêpes dans une poêle.

Bon appétit !

1 Du bist zu Besuch bei deiner Tante. Ihr wollt Crêpes machen. Du bringst dieses Rezept mit. Was braucht ihr? In welcher Menge? Erkläre deiner Tante das Rezept auf Deutsch.

2 À vous ! Préparez des crêpes. | Ihr könnt für eure Klasse oder zum Tag der offenen Tür in eurer Schule Crêpes zubereiten und mitbringen!

Le gâteau au chocolat

RECETTE

1 Faire fondre le beurre et le chocolat.

2 Ajouter 250 g de sucre glace.

3 Ajouter les œufs, puis mélanger.

4 Ajouter la farine, puis mélanger.

5 Verser le mélange dans un moule et mettre au four pendant 25 minutes à 200 °C.

Il faut :

- 250 g de beurre
- 250 g de chocolat noir
- 250 g de sucre glace
- 6 œufs
- 50 g de farine
- un peu de beurre pour le moule

Four : 200 °C

Cuisson : 25 minutes

3 Du möchtest mit deinem Vater diesen Schokoladenkuchen backen. Was braucht ihr? In welcher Menge? Was müsst ihr tun? Erkläre deinem Vater das Rezept auf Deutsch.

____

____

On chante !

1 **Écoute et chante.** | Hör zu und sing mit.

un deux trois quatre cinq six sept huit neuf dix

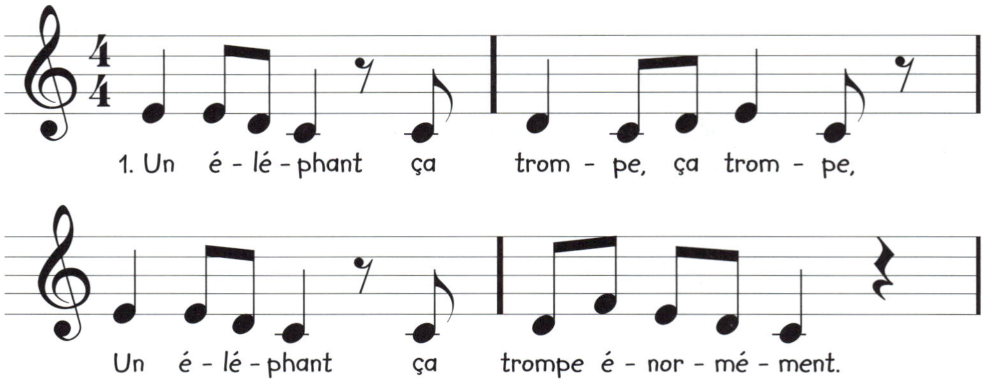

2. Deux éléphants, ça trompe, ça trompe.
Deux éléphants, ça trompe énormément.
...

20. Vingt éléphants, ça trompe, ça trompe.
Vingt éléphants, ça trompe énormément.
...

onze douze treize quatorze quinze seize dix-sept dix-huit dix-neuf vingt

2 **Chantez et bougez.** | Findet im Internet ein Video zu diesem Lied: singt es und bewegt euch dazu.

Tête, épaules et genoux, pieds, genoux, pieds
Tête, épaules et genoux, pieds, genoux, pieds
J'ai deux yeux, deux oreilles, une bouche, un nez
Tête, épaules et genoux, pieds, genoux, pieds

1 Wortschatz lernen

Es gibt viele verschiedene Methoden, Wörter zu lernen. Auf dieser Seite stellen wir dir einige vor.

Doch egal, für welche Methode(n) du dich entscheidest, das Wichtigste beim Lernen ist:

- **Sei aktiv**, dann prägen sich die neuen Wörter besser ein. Schreibe, zeichne, sprich laut, bewege dich beim Lernen und mache Gesten, und du wirst sehen, wie gut dein Gedächtnis arbeitet.
- **Lerne regelmäßig**, lieber täglich ein paar Minuten als ganz viel auf einmal.

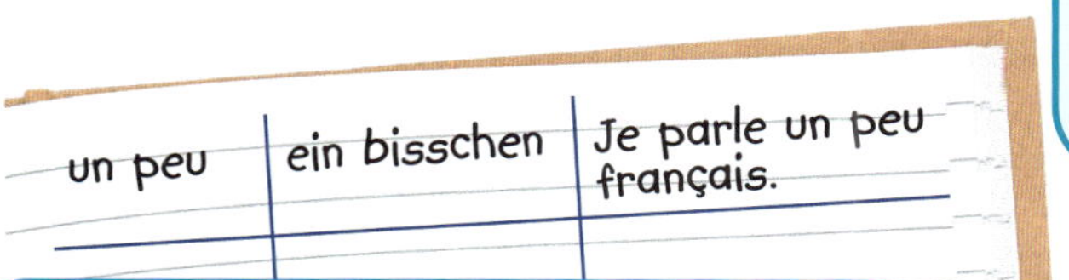

1.1 Mit der Wortliste lernen

Lerne neue Wörter mit der *Liste des mots*, S. 68–75. Der Satz in der 3. Spalte zeigt dir, wie man das Wort verwendet, oder welches Wort im Englischen ähnlich ist. Du kannst die Wortliste auch in ein Vokabelheft abschreiben.

1.2 Mit Bildern lernen

Zeichnest du gerne? Dann denk dir zu den Wörtern, die du lernst, kleine Zeichnungen aus, die zur Bedeutung der Wörter passen. Zeichne sie auf deine Karteikarten oder in dein Vokabelheft.

1.3 Mit Karteikarten lernen

Auf die eine Seite der Karteikarte schreibst du das französische Wort und dazu einen französischen Beispielsatz (z. B. den aus der *Liste des mots*), auf die andere Seite die deutsche Übersetzung. Frage dich selbst ab oder lass dich abfragen. Hast du ein Wort gewusst, kommt die Karte auf einen neuen Stapel für den morgigen Tag. Hast du es nicht gewusst, kommt sie wieder unten in deinen Lernstapel.

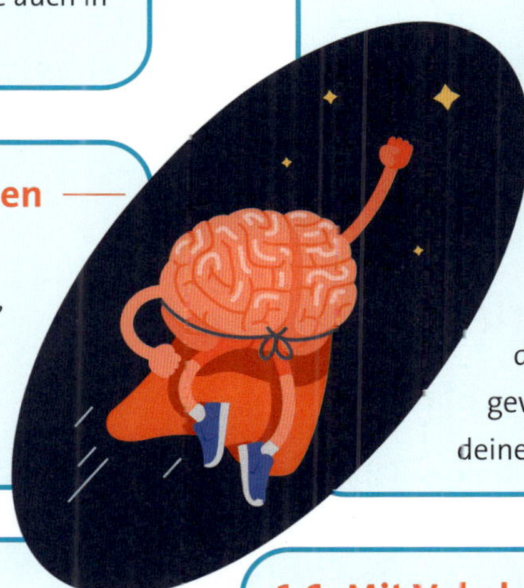

1.4 Mit anderen Sprachen lernen

Gibt es zu dem Wort, das du lernst, ein ähnliches Wort in einer anderen Sprache, die du sprichst? Schreibe es mit auf und markiere Unterschiede in der Schreibung, falls vorhanden.

1.5 Mit Klebezetteln lernen

Schreibe Wörter, die du dir merken willst, auf kleine Klebezettel und bringe diese bei dir zu Hause an Stellen an, die du oft ansiehst, z. B. neben dem Waschbecken.

1.6 Mit Vokabeltrainer-Apps lernen

Viele Vokabeltrainer-Apps funktionieren nach dem Karteikarten-Prinzip. Besonders toll an Vokabeltrainer-Apps ist, dass du dir die Wörter auch anhören und so die Aussprache lernen kannst. Außerdem kannst du deinen Lernfortschritt verfolgen.

1.7 Mit Gesten lernen

Denke dir passende Gesten zu den Wörtern aus, die du lernst. Dein Körper „lernt mit" und die Wörter prägen sich besser ein.

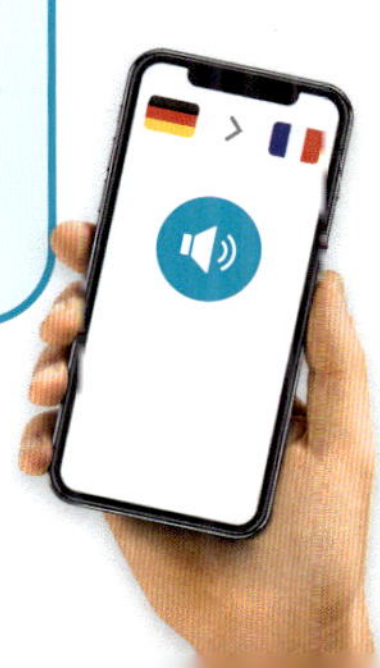

MÉDIAS
Klicke auf das Audio-Symbol, um dir die neue Vokabel anzuhören. Das hilft dir, dir die korrekte Aussprache einzuprägen.

2 Medienkompetenz: Ein Online-Wörterbuch verwenden

Hier gibst du deinen Suchbegriff ein.

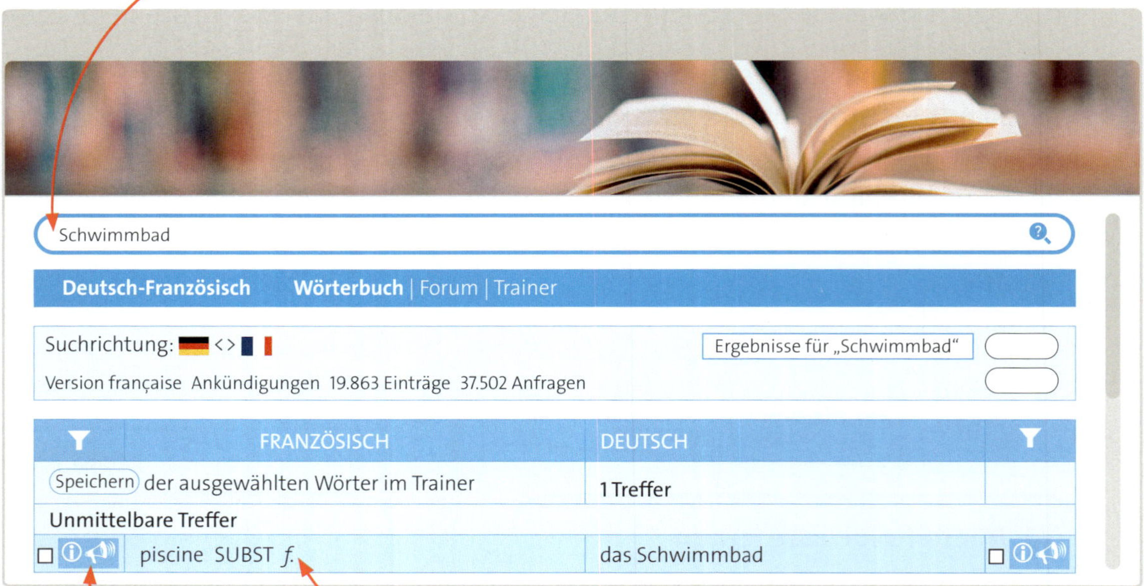

Hier kannst du dir das Wort anhören.

f. = *féminin* = weiblich → Verwende *la*, *l'* oder *une*.
m. = *masculin* = männlich → Verwende *le*, *l'* oder *un*.

3 Sprechen | Parler

Freies Sprechen: der Sprechfächer

Stell dir vor, du weißt in einem Dialog nicht weiter! Der Sprechfächer unterstützt dich:

- Notiere auf einzelne Pappkarten Redemittel, die zu einer Gesprächssituation passen (z. B. „sich vorstellen“).

Moi | Je parle…

Comment ? | J'aime… / Je n'aime pas…

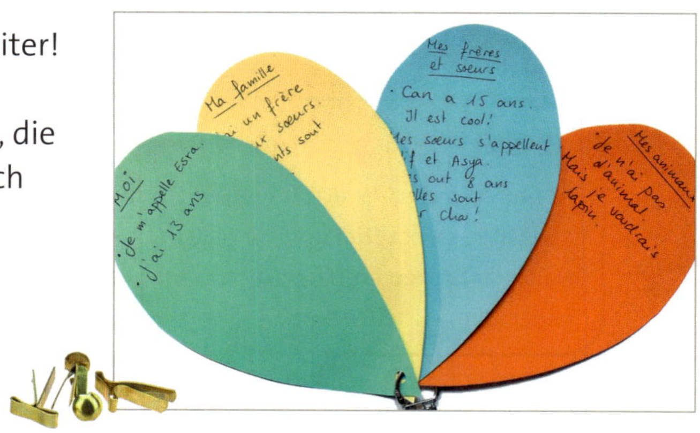

- Hefte die Pappkarten unten mit einer Musterbeutelklammer zusammen.
- Halte deinen Sprechfächer in Dialogsituationen bereit. Wenn du beim Sprechen nicht weiter weißt, klappst du den Fächer auf, liest kurz nach, klappst ihn wieder zu und sprichst weiter. Voilà !

Das Alphabet | L'alphabet

a [a]	d [de]	g [ʒe]	j [ʒi]	m [ɛm]	p [pe]	s [ɛs]	v [ve]	y [igʀɛk]
b [be]	e [ə]	h [aʃ]	k [ka]	n [ɛn]	q [ky]	t [te]	w [dubləve]	z [zɛd]
c [se]	f [ɛf]	i [i]	l [ɛl]	o [o]	r [ɛʀ]	u [y]	x [iks]	

Die Zeichen im Satz | Les signes dans la phrase

le point d'exclamation · la virgule · les deux-points · l'accent grave *m.* · l'accent circonflexe *m.* · le « c » cédille · le trait d'union · l'apostrophe *f.* · la minuscule · le point

Salut! Moi, c'est Jeanne. Voilà mes amis: le garçon c'est Idriss et la fille, c'est Lili-Rose. Ils sont en cinquième et ils habitent à Paris (Idriss habite à côté d'un restaurant)... Mon chanteur préféré, c'est Ryadh – j'adore « Paris je t'aime ». Et toi?

l'accent aigu *m.* · le tiret · les guillemets *m. pl.* · le point d'interrogation · les parenthèses *f. pl.* · la majuscule · les points de suspension

Die Lautschrift | L'alphabet phonétique

Die Konsonanten | Les consonnes

[b] bus, table, alphabet
[d] danse, ordinateur
[f] photo, préférer
[g] gare, guitare
[k] classe, chocolat
[l] la, collège
[m] merci, aimer, cinéma, comme
[n] non, sonner
[ŋ] camping
[ɲ] Allemagne
[p] parc, supermarché
[ʀ] rue, livre
[s] *scharfes „s“ wie in* Kuss: garçon, merci, salut, passer
[z] *summendes „s“ “ (tritt nur zwischen zwei Vokalen, als Bindungs -s bzw. -x oder in der Schreibung „z“ auf) wie in* Rasen: chaise,
[ʃ] les‿enfants, six‿heures, zéro
[ʒ] „sch“ *wie in* Tasche: chocolat, chat
[t] *wie in* Garage: étagère, jouer
[v] tableau, baguette
vacances, avoir, élève

Die Vokale | Les voyelles

[a] *kurzes „a“ wie in* Ball: amie, far
[ɑ] *langes „a“ wie in* Bahn: ne... pas, salade
[ɛ] *offenes „e“ wie in* Ende: mais, tablette, c'est, père
[e] *geschlossenes „e“ wie in* See: écouter, série
[ə] *stummes „e“ wie in* Kabel: le, de, regarder
[i] ici, lit
[o] *geschlossenes „o“ wie in* Floh: aussi, bureau
[ɔ] *offenes „o“ wie in* doch: sport, ordinateur
[ø] *geschlossenes „ö“ wie in* böse: bleu, monsieur
[œ] sieur
[u] *offenes „ö“ wie in* öffnen: heure, sœur
[y] „u“ *wie in* Mut: où, bonjour, sous
„ü“ *wie in* müde: unité, musée, musique

Die Gleitlaute | Les semi-voyelles

[ɥ] huit
[j] fille, famille, cahier
[w] poisson, toilette

Die nasalierten Vokale | Les voyelles nasales

[ɑ̃] enfant, chanson, chambre
[ɔ̃] bon, garçon, pardon
[ɛ̃] un, cousin, demain, copain

Liste des mots

Abkürzungen und Symbole

Abkürzung/ Symbol	Bedeutung	Erklärung	Beispiel
m.	*masculin*	männlich	le prof, un mot
f.	*féminin*	weiblich	la langue, une chaise
pl.	*pluriel*	Plural (Mehrzahl)	**les** chats
adj.	*adjectif*	Adjektiv = beschreibt, wie etwas ist	super, sympa
fam.	*familier*	umgangssprachlich	Salut !
🇬🇧		Hier findest du ein englisches Wort, das dem französischen Wort ähnlich ist.	la classe 🇬🇧 class
❗		Hier gibt es eine Besonderheit zu beachten.	le tableau / ❗ les tableaux
(Sprechblase)		So einfach klingt das französische Wort, wenn du es richtig aussprichst.	

Bienvenue !

C'est parti ! *fam.*	Los geht's!		
voilà	hier ist, hier sind		
Paris	Paris *Hauptstadt Frankreichs*	Voilà **Paris**.	
la tour	der Turm		
le stade	das Stadion	🇬🇧 stadium	
la baguette	das Baguette		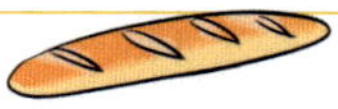
et	und	Voilà Paris **et** voilà la tour.	

La France
la Tour Eiffel *der Eiffelturm, Wahrzeichen von Paris, 324 m, 1887 erbaut*
le Mont Blanc *der Mont Blanc, höchster Berg der Alpen, 4809 m*
le Stade de France *größtes Stadion Frankreichs, nördlich von Paris, 81300 Plätze*
le TGV (Train à grande vitesse) *der TGV, französischer Hochgeschwindigkeitszug*
les calanques *f. pl.* *Felsbuchten im Mittelmeer bei Marseille*

Tu t'appelles comment ?

Tu t'appelles comment ?	Wie heißt du?	
Comment... ?	Wie ...? *Fragewort*	Tu t'appelles comment ?
Salut ! *fam.*	Hallo! *auch:* Tschüss!	
je m'appelle + *Name*	ich heiße + *Name*	
Et toi ?	Und du?	
À plus ! *fam.*	Bis später!	

Ça va ?

Ça va ?	Wie geht's? / Geht's (dir) gut?	
Ça va.	Es geht mir gut.	
Et toi ?	*hier:* Und dir?	
Bof. *fam.*	Na ja. / Es geht so.	
super *adj. fam.*	super, toll	
ah	ach, ach so	
Ça sonne !	Es klingelt!	
À demain !	Bis morgen!	– Salut ! – À demain !
Bonjour !	Guten Tag!, Guten Morgen!	Bonjour ! Ça va ?
la classe	die Klasse	class
Madame/Mme	Frau *Anrede*	Bonjour, Madame !
Monsieur/M.	Herr *Anrede*	Bonjour, Monsieur !
Au revoir !	Auf Wiedersehen!	Au revoir, Madame !

Im Französischen sagst du nicht einfach nur ***Bonjour***, wenn du höflich mit Erwachsenen redest, sondern ***Bonjour, Madame !*** oder ***Bonjour, Monsieur !***.

Tu as quel âge ?

Tu as quel âge ?	Wie alt bist du?	
J'ai... ans.	Ich bin ... Jahre alt.	J'ai douze ans.

Liste des mots

Les nombres de 0 à 20 | Die Zahlen von 0 bis 20

0 zéro	6 six	12 douze	18 dix-huit
1 un	7 sept	13 treize	19 dix-neuf
2 deux	8 huit	14 quatorze	20 vingt
3 trois	9 neuf	15 quinze	
4 quatre	10 dix	16 seize	
5 cinq	11 onze	17 dix-sept	

Tu habites où ?

Tu habites où ?	Wo wohnst du?	
j'habite	ich wohne	
en + *Land*	in + *Land*	J'habite **en** France ! Ich wohne in Frankreich.
à + *Stadt*	in + *Stadt*	J'habite **à** Paris. Ich wohne in Paris.
l'Allemagne *f.*	Deutschland	J'habite en **Allemagne**.
la France	Frankreich	J'habite en **France** !
moi aussi	ich auch	– J'ai 15 ans. – **Moi aussi**.
moi	ich *betonte Form des Personalpronomens*	– C'est qui ? – C'est **moi** !
aussi	auch	Elle est **aussi** de Paris.

Im Französischen werden nur Satzanfänge und Eigennamen groß geschrieben, alles andere schreibt man klein.
– **E**t toi, **M**arine, tu habites où ? – **J**'habite à **P**aris.

Tu es en cinquième ?

Tu es en cinquième ?	Bist du in der 7. Klasse?	
la cinquième	die siebte Klasse	*wörtlich:* „die Fünfte“
la sixième	die sechste Klasse	Je suis en **sixième**.

Im *collège* in Frankreich zählt man ab der 6. Klasse die Klassenstufen rückwärts:
6ᵉ – 5ᵉ – 4ᵉ – 3ᵉ

la sixième (6ᵉ) = 6. Klasse
la cinquième (5ᵉ) = 7. Klasse
la quatrième (4ᵉ) = 8. Klasse
la troisième (3ᵉ) = 9. Klasse

oui	ja	– Tu es en cinquième A ? – **Oui**.
non	nein	no
d'accord	okay, einverstanden	

Tu parles quelles langues ?

Tu parles quelles langues ?	Welche Sprachen sprichst du?	
je parle	ich spreche	
un peu	ein bisschen	Je parle **un peu** arabe.
le français	Französisch *die französische Sprache*	
l'anglais *m.*	Englisch *die englische Sprache*	
l'arabe *m.*	Arabisch *die arabische Sprache*	
l'allemand *m.*	Deutsch *die deutsche Sprache*	
l'espagnol *m.*	Spanisch *die spanische Sprache*	
la langue	die Sprache	Je parle trois **langues**.
C'est super !	Das ist super!	

Banque de mots (*kein Lernwortschatz*)

Je parle aussi...

croate, dari/pachto, italien, kiswahili, mandarin, polonais, russe, tigrigna, turc, vietnamien, wolof

Liste des mots

J'aime les jeux vidéo et le chocolat !

j'aime	ich mag	♥
je n'aime pas	ich mag ... nicht, ich mag keinen/keine ...	
mais	aber	Mais moi, j'aime les chats.
les jeux vidéo *m. pl.*	die Videospiele	
le sport	der Sport	
la musique	die Musik	
le chocolat	die Schokolade	chocolate – schokola
la pizza	die Pizza	
la salade	der Salat	salad
le rouge	Rot, die rote Farbe	
le bleu	Blau, die blaue Farbe	blö

le bleu  *Les Bleus* wird die französische Fußballnationalmannschaft genannt, weil sie blaue Trikots trägt.

le noir	Schwarz, die schwarze Farbe	
les chats *m. pl.*	die Katzen	
les chiens *m. pl.*	die Hunde	
les rats *m. pl.*	die Ratten	rats

Banque de mots (*kein Lernwortschatz*)

J'aime aussi...

le vert	le jaune	le blanc
le violet	l'orange	le marron
le rose vif	le turquoise	le beige
le rose	 les spaghettis	 les tomates
 les poissons	 les tortues	 la nature

Auf einen Blick

Sich begrüßen und verabschieden

Salut !
Bonjour !
Bonjour, Madame/Monsieur !
Ah, ça sonne !
Au revoir !
À demain !
À plus !

Name

Tu t'appelles comment ?
Je m'appelle…
Et toi ?

Wie geht's?

Ça va ?
Ça va.
Bof.
Super !
Et toi ?

Alter

Tu as quel âge ?
J'ai… ans.

Klasse

Tu es en cinquième A ?
Non, je suis en sixième B.

Wohnort

Tu habites où ?
J'habite à Brême.
J'habite en Allemagne.
Moi aussi.

Sprachen

Tu parles quelles langues ?
Je parle allemand, turc et un peu français.
C'est super !

Zustimmen und ablehnen

Oui.
Non.
D'accord.

Vorlieben

J'aime les jeux vidéo et le chocolat !
J'aime aussi la musique.
Mais je n'aime pas la salade.

Module B | L'alphabet ► L'alphabet, p. 67

l'alphabet *m.*	das Alphabet	A, B, C… c'est l'alphabet.
Qu'est-ce que c'est ?	Was ist das?	Kässkössee?
C'est terminé !	Das war's!	Voilà, c'est terminé ! So, das war's!
Comment on écrit… ?	Wie schreibt man …?	
la feuille	das Blatt	
On écrit…	Man schreibt …	On écrit M-E-R-C-I.
Je ne sais pas.	Ich weiß es nicht.	– C'est qui ? – Je ne sais pas. 

Module C | En cours de français

en cours	im Unterricht	Je suis **en cours** de français. Ich bin im Französischunterricht.
le prof *fam.*	der Lehrer	*eigentlich:* le professeur
la prof *fam.*	die Lehrerin	*eigentlich:* la professeure
un élève *m.*	ein Schüler	Je suis un **élève** de cinquième.
une élève *f.*	eine Schülerin	
la porte	die Tür	
la fenêtre	das Fenster	
la table	der Tisch	🇬🇧 table
la chaise	der Stuhl	Dans la classe, il y a des **chaises**. Im Klassenraum sind Stühle.
le tableau	die Tafel	❗ *Plural:* les tableaux 
le mot	das Wort	Voilà le **mot** « Bonjour » !
la phrase	der Satz	Il y a des **phrases** dans le livre. Im Buch stehen Sätze.
un ordinateur *m.*	ein Computer	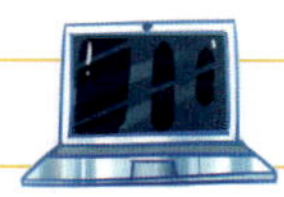
la tablette	das Tablet	La **tablette** est sur la table.
le poster	das Poster	Il y a des **posters** dans la classe. Im Klassenraum gibt es Poster.
le livre	das Buch	
le cahier	das Heft	Où est le **cahier** de Jeanne ? Wo ist Jeannes Heft?
le stylo	der Stift, der Kugelschrei- ber	
la trousse	das Federmäppchen	Dans la **trousse**, il y a des stylos.
le sac	die Tasche, die Schulta- sche	Où est le **sac** ?
les devoirs *m. pl.*	die Hausaufgaben	Tu as des **devoirs** ? Hast du Hausaufgaben auf?
Est-ce que vous pou- vez répéter ?	Könnt ihr wiederholen?, Können Sie wiederholen?	Madame, **est-ce que vous pouvez répéter**, s'il vous plaît ?
encore une fois	noch einmal	Écoutez **encore une fois**.
la question	die Frage	
J'ai une question.	Ich habe eine Frage.	🇬🇧 I have a question.
Je ne comprends pas.	Ich verstehe nicht.	Pardon, **je ne comprends pas**.
J'ai fini !	Ich bin fertig!	✔

C'est à moi.	Ich bin dran.	– C'est à moi ?
C'est à toi.	Du bist dran.	– Oui, c'est à toi.
Comment on dit... ?	Wie sagt man ...?	Comment on dit « die Katze » ?
On dit...	Man sagt ...	En français, on dit « le chat ».
en + *Sprache*	auf + *Sprache*	En anglais, on dit « cat ».
pardon	Entschuldigung	
Je n'ai pas (les devoirs).	Ich habe (die Hausaufgaben) nicht.	Pardon, Monsieur, je n'ai pas les devoirs.
Je peux aller aux toilettes ?	Kann ich auf die Toilette gehen?	

Hier kannst du Wörter und Redewendungen notieren, die du gern magst oder die du dir nicht merken kannst.

C'est moi.

Tu t'appelles comment ?
- Je m'appelle ____________.
- Et toi ?

Tu as quel âge ?
- 11 J'ai 11 (onze) ans.
- 12 J'ai 12 (douze) ans.
- 13 J'ai 13 (treize) ans.
- J'ai ______ ans.

Tu habites où ?
- J'habite à (Berlin).
- J'habite en Allemagne.

J'aime... / Je n'aime pas...
- les chiens.
- les chats.
- les rats.
- ____________.
- Et toi ?

J'aime... / Je n'aime pas...
- le noir.
- le rouge.
- le bleu.
- ____________.

Tu parles quelles langues ?
- Je parle allemand.
- Je parle un peu français.
- Je parle anglais.
- Je parle ____________.
- Je parle (trois) langues.

Tu es en cinquième ?
- Oui, je suis en cinquième (A).
- Non, je suis en sixième.
- Et toi ?

J'aime / Je n'aime pas
- la musique.
- les jeux vidéo.
- le sport.
- ____________.
- Et toi ?

J'aime / Je n'aime pas
- le chocolat.
- la pizza.
- la salade.
- ____________.

Et toi ?

Fehlen dir Farben oder Sprachen? Schau auf → Seite 72 in diesen Heft nach!

👍	👎
Oui.	Non.
D'accord.	Bof.
C'est super !	

Schätze deine Französischkenntnisse ein.
Male die Ampeln entsprechend aus:

- ●○○ Das kann ich noch nicht so gut.
- ○●○ Das kann ich schon ganz gut.
- ○○● Das kann ich richtig gut.

Hörverstehen — Ich kann ...

- ○○○ ... Fragen über mich verstehen.
- ○○○ ... jemand verstehen, der sich vorstellt.
- ○○○ ... Altersangaben (bis 20) verstehen.

Sprechen — Ich kann ...

- ○○○ ... jemand begrüßen und verabschieden.
- ○○○ ... mich vorstellen (Name).
- ○○○ ... jemand fragen, wie es ihm/ihr geht.
- ○○○ ... sagen, wie es mir geht.
- ○○○ ... mich vorstellen und sagen, wie alt ich bin.
- ○○○ ... mich vorstellen und sagen, wo ich wohne.
- ○○○ ... mich vorstellen und sagen, in welche Klasse ich gehe.
- ○○○ ... mich vorstellen und sagen, welche Sprachen ich spreche.
- ○○○ ... mich vorstellen und meine Hobbys nennen.
- ○○○ ... Namen und Wörter buchstabieren.
- ○○○ ... mich im Französischunterricht verständigen.
- ○○○ ... jemand nach Namen, Alter, Klasse, Sprachen, Wohnort und Vorlieben fragen.

Lesen — Ich kann ...

- ○○○ ... einfache Rezepte verstehen.
- ○○○ ... Arbeitsanweisungen verstehen.

Wortschatz — Ich kann ...

- ○○○ ... die Vokabeln zur Begrüßung und Vorstellung. (► p. 68–69)
- ○○○ ... die Vokabeln zum Befinden. (► p. 69–70)
- ○○○ ... die Vokabeln zum Wohnort. (► p. 70–71)
- ○○○ ... die Vokabeln zur Schule. (► p. 71)
- ○○○ ... die Vokabeln zu meinen Sprachen. (► p. 71)
- ○○○ ... die wichtigsten Sätze im Französischunterricht. (► p. 74–75)
- ○○○ ... einige deutsche Städtenamen auf Französisch nennen. (► p. 25/2, 27/5, 28/7)
- ○○○ ... neuen Wortschatz lernen.

Landeskunde — Ich kenne ...

- ○○○ ... französische Sehenswürdigkeiten.
- ○○○ ... französische Städte und weiß, wo sie liegen.
- ○○○ ... die französischen Klassenstufen.
- ○○○ ... ein paar französische Feste und Traditionen.

Einen französischen Text auf der deutschen Tastatur schreiben

Der Apostroph und die Akzente

→ Wo finde ich sie auf der Tastatur?

Apostroph (')	rechts neben dem	Ä	, auf einer Taste mit der Raute:	' #
accent aigu (´)	rechts neben dem	?	, auf einer Taste mit dem *accent grave*:	` ´
accent grave (`)	rechts neben dem	?	, auf einer Taste mit dem *accent aigu*:	` ´
accent circonflexe (^)	links neben dem	!	, auf einer Taste mit dem Gradzeichen:	° ^

→ Wie tippe ich sie in meinen Text?

'	↑ + ' #
é	` ´ , dann E
è	↑ + ` ´ , dann E
ê	° ^ + E
à	↑ + ` ´ , dann A
À	↑ + ` ´ , dann ↑ + A

Weitere Sonderzeichen

→ Wo finde ich sie auf der Tastatur?

Einige französische Zeichen wie ***ç*** (*c cédille*), ***ë*** (*e tréma*) und ***œ*** (*ligature*) gibt es auf einer deutschen Tastatur nicht.

→ Wie tippe ich sie in meinen Text?

❶ Du tippst eine Tastenkombination:
Du drückst Alt, hältst die Taste gedrückt und tippst außerdem auf dem Nummernblock rechts auf der Tastatur eine festgelegte Zahlenkombination.
Das entsprechende Zeichen erscheint, sobald du alle Tasten wieder losgelassen hast.

ç	Alt (gedrückt halten) + 1 + 3 + 5
Ç	Alt (gedrückt halten) + 1 + 2 + 8
ë	Alt (gedrückt halten) + 1 + 3 + 7
ï	Alt (gedrückt halten) + 1 + 3 + 9
œ	Alt (gedrückt halten) + 0 + 1 + 5 + 6

❷ Du findest die Sonderzeichen auch unter dem Menüpunkt „Einfügen":
Wähle die Optionen „Symbol einfügen" und „Weitere Symbole" aus und klicke dann doppelt auf das gewünschte Zeichen in der daraufhin erscheinenden Tabelle.

Auf der Display-Tastatur schreiben

Wenn du auf einer Smartphone- oder Tablet-Tastatur schreibst, brauchst du nur **länger** auf einen Buchstaben zu tippen, dann werden dir weitere Buchstaben mit Akzenten und Sonderzeichen angezeigt.

Bildquellen

Abbildungen

Cover *li.* stock.adobe.com/rh2010, *re.* Céline Bailleux; **U2** *o.* Shutterstock.com/Kostikova Natalia, *li.v.ob.n.un.* Shutterstock.com/Martin Novak, Shutterstock.com/Aysezgicmeli, Shutterstock.com/ViDI Studio, stock.adobe.com/Sergey Novikov ripicts.com; *re.v.ob.n.un.* Shutterstock.com/Monkey Business Images Shutterstock.com/oneinchpunch, stock.adobe.com/LuckyBusiness Photo Studio, Shutterstock.com/Prostock-studio; **S. 4** *1* stock.adobe.com/saiko3p, *3* interfoto e.k./Jean-Francois Hagenmuller, *4* mauritius images/Masterfile; **S. 5** *5* Shutterstock.com/by-studio, *6* Shutterstock.com/olrat, *7* stock.adobe.com/janoka82; **S. 6** *1* Shutterstock.com/Naumenko Aleksandr, *2* Shutterstock.com/anyaivanova, *3* Shutterstock.com/canadastock, *4* Shutterstock.com/javarman, *5* Shutterstock.com/maziarz, *6* Shutterstock.com/frank_peters, *7* mauritius images/Rene Mattes, *8* Shutterstock.com/Guenter Albers; **S. 7** *o.l.* Shutterstock.com/ImYanis, *o.m.* Shutterstock.com/Ruth Black, *o.r.* Shutterstock.com/Oksana Shufrych, *m.l.* Shutterstock.com/Anneleven Stock, *m.* Shutterstock.com/Dmytro Furman, *m.r.* Shutterstock.com/Tetiana Cherkashyna, *u.l.* Shutterstock.com/Catarina Belova, *u.m.* Shutterstock.com/LuciaR, *u.r.* Shutterstock.com/urfin; **S. 10** *o.m.* Shutterstock.com/Digital Media Pro, *o.r.* Shutterstock.com/Marian Weyo, *u.r.* stock.adobe.com/Creatista/Scott Griessel; **S. 11** *o.r.* Shutterstock.com/Vlad_Chorniy; **S. 13** *3.2* Shutterstock.com/Antonio Guillem, *3.3* Shutterstock.com/VH-studio; **S. 17** *o.l.* Shutterstock.com/MuchMania, *o.m.*, *o.r.* Shutterstock.com/embroidery designs; **S. 20** *o.m.* Shutterstock.com/Ruth Black, *o.r.* Shutterstock.com/marcin jucha; **S. 21** *o.l.*, *o.r.* Shutterstock.com/LightField Studios; **S. 24** *o.l.* stock.adobe.com/Flamingo Images, *o.r.* stock.adobe.com/Valentina R.; **S. 25** *u.l.* stock.adobe.com/T. Michel, *u.r.* Shutterstock.com/Thomas Pajot; **S. 26** *o.r.* stock.adobe.com/Fox, *4.1* Shutterstock.com/Tatiana Gordievskaia, *4.2* Shutterstock.com/p_ponomareva, *4.3* Shutterstock.com/Cookie Studio, *4.4* Shutterstock.com/Gelpi, *4.5* Shutterstock.com/ESB Professional; **S. 27** *5.1*, *5b* Shutterstock.com/Dubova, *5.2* Shutterstock.com/morrowlight, *5.3* Shutterstock.com/simona pilolla 2, *5.4* Shutterstock.com/Anna Nahabed, *5.5* Shutterstock.com/Head over Heels, *5.6* Shutterstock.com/Monkey Business Images; **S. 28** *7a* Shutterstock.com/canadastock, *7a* Shutterstock.com/Alexander Kirch, *8* stock.adobe.com/Fox; **S. 29** Shutterstock.com/Monkey Business Images; **S. 30** *m.l.* stock.adobe.com/Creatista/Scott Griessel, *m.r.* stock.adobe.com/LuckyBusiness Photo Studio; **S. 34** *m.l.*, *m.r.* Shutterstock.com/Daisy Daisy; **S. 35** *u.l.* Shutterstock.com/Monkey Business Images; **S. 36** *3* Shutterstock.com/dizain; **S. 37** *4.1* Shutterstock.com/insta_photos, *4.2* Shutterstock.com/Andrey Arkusha, *4.3* Shutterstock.com/Guas, *4.4* Shutterstock.com/Denis Kuvaev; **S. 38** *u.l.* stock.adobe.com/kuklos; **S. 40** *o.l.* Shutterstock.com/Nata-Lia, Shutterstock.com/Chones, Shutterstock.com/James Steidl, *m.l.* Shutterstock.com/Andris Tkacenko, *m.* stock.adobe.com/TrudiDesign, *u.m.* Shutterstock.com/Prostock-studio; **S. 41** *o.l.* stock.adobe.com/ANASTASIIA, *o.r.* adobe.com/kisscsanad, *m.* stock.adobe.com/Oleg Kozlov; **S. 42** *u.l.* Shutterstock.com/Chones, Shutterstock.com/Andris Tkacenko, *u.m.* stock.adobe.com/TrudiDesign, *u.r.* stock.adobe.com/Oleg Kozlov, stock.adobe.com/ANASTASIIA; **S. 44** *9.1* Shutterstock.com/Chones, Shutterstock.com/Nata-Lia, Shutterstock.com/James Steidl, *9.2* Shutterstock.com/Andris Tkacenko, stock.adobe.com/Oleg Kozlov stock.adobe.com/TrudiDesign, *9.4* stock.adobe.com/kisscsanad, stock.adobe.com/ANASTASIIA; **S. 47** *16a* Shutterstock.com/Chones, *16b* Panther Media GmbH/Angelica Corneliussen, stock.adobe.com/kisscsanad, stock.adobe.com/ANASTASIIA, Shutterstock.com/Prostock-studio; **S. 50** *o.l.* stock.adobe.com/Sergii Figurnyi, *m.l.* stock.adobe.com/altitudedrone, stock.adobe.com/Oligo, *u.l.* stock.adobe.com/paulmckinnon, *u.r.* stock.adobe.com/Atlantis; **S. 51** *o.r.* stock.adobe.com/Andy Morgenstern, *m.r.* stock.adobe.com/Mikhail Markovskiy, stock.adobe.com/mojolo, *u.r.* stock.adobe.com/stefan257; **S. 52** *o.m.*, *o.r.*, m., *m.r.* Shutterstock.com/NeMaria, *u.l.* Shutterstock.com/BearFotos, *u.m.* Shutterstock.com/BAO-Images Bildagentur, Shutterstock.com/Christian Wittmann, *u.r* Shutterstock.com/LIUDMILA ERMOLENKO; **S. 56** *6.1* Shutterstock.com/ESB Professional, *6.2* Shutterstock.com/Christine Glade, *7* stock.adobe.com/highwaystarz; **S. 58** *o.l.*, *o.r.* Shutterstock.com/kckate16; **S. 60** *o.l.* Shutterstock.com/Delpixel, *o.r.* Shutterstock.com/PCPartStudio, *m.l.* Shutterstock.com/plprod, *m.* stock.adobe.com/bettorodrigues, Shutterstock.com/Pixel Embargo, *m.r.* Shutterstock.com/JOAT, *u.r.* Shutterstock.com/BlurryMe; **S. 61** *o.m.* stock.adobe.com/Prod. Numérik, *o.r.* stock.adobe.com/Sveta_Aho, *m.* Shutterstock.com/Africa Studio, *m.r.* Shutterstock.com/Alexander Raths, *u.l.* mauritius images/alamy stock photo/Kolvenbach, *u.r.* Shutterstock.com/fotohunter; **S. 62** *1* stock.adobe.com/New Africa, *2* Shutterstock.com/irina2511, *3* Shutterstock.com/Uryupina Nadezhda, *4* Shutterstock.com/Shotmedia, *c.m.*, stock.adobe.com/guy, *m.l.* stock.adobe.com/beats_, stock.adobe.com/andriigorulko, stock.adobe.com/Sergii Moscaliuk, *m.* Shutterstock.com/Tanya Sid, stock.adobe.com/Coprid, stock.adobe.com/Natika; **S. 63** *o.r.* stock.adobe.com/guy, Shutterstock.com/Andris Tkacenko, *m.* Shutterstock.com/S_Photo , stock.adobe.com/Natika, *m.r.* stock.adobe.com/Sergii Moscaliuk, Shutterstock.com/bigacis, Shutterstock.com/PHOTOGRAPG_ER, *1* Shutterstock.com/TNMDesign, *2* stock.adobe.com/studio.com (Olga Yastremska and Leonid Yastremskiy)/Africa Studio, *3* stock.adobe.com/CL-Medien, *4* stock.adobe.com/bongkarn, *5* stock.adobe.com/Michal Schwarz/Michal; **S. 64** *1* Shutterstock.com/bartamarabara, *2* Shutterstock.com/erwinova; **S. 65** *m.* Shutterstock.com/VitalasArt, *u.m.* Shutterstock.com/guteksk7, *1.1* Shutterstock.com/Kozini, *1.3* Shutterstock.com/Carolyn Franks; **S. 66** *o.l.* stock.adobe.com/kuklos, *u.m.* Shutterstock.com/pixelnest, *u.r.* Cornelsen/Inhouse, Shutterstock.com/GNT STUDIO; **S. 68** *o.l.*, *o.r.*, *u.r.* stock.adobe.com/sirius_star, stock.adobe.com/Luc Lombarda; **S. 69** *m.* stock.adobe.com/sirius_star; **S. 71** *o.r.* stock.adobe.com/sirius_star; **S. 72** *o.r.* stock.adobe.com/sirius_star, *m.* Shutterstock.com/ph.FAB, *u.m.* Shutterstock.com/IrinaK, Shutterstock.com/Aleksandra Duda, *u.l.* stock.adobe.com/kmit, *u.r.* Shutterstock.com/Tim UR, Shutterstock.com/moscu; **S. 74** *u.r.* Shutterstock.com/NEGOVURA, stock.adobe.com/sirius_star; **S. 75** *o.m.* Shutterstock.com/zizi_mentos; **S. 76** *o.r.* Shutterstock.com/PotaeRin, Shutterstock.com/Andris Tkacenko, Shutterstock.com/adidas4747, *m.* Shutterstock.com/Shannon Marie Ferguson, Shutterstock.com/CkyBe, *u.m.* stock.adobe.com/kisscsanad, *u.r.* stock.adobe.com/Oleg Kozlov; **S. 80** *Hintergrund zentral* Shutterstock.com/AKaiser, *o.l.* stock.adobe.com/lamax, *o.m.* stock.adobe.com/samott, *o.r.* *Metro* Imago Stock & People GmbH/blickwinkel, *o.r.* *Karussell* Shutterstock.com/Alfmaler, *Zugsymbol* Shutterstock.com/philia, *andere Symbole* stock.adobe.com/HILTS, *u.l.* *Paris* Shutterstock.com/Thomas Pajot

@webalys under the Creative Common Attribution licence icons S. 3–4 *ob.li*, S. 6–12, S. 14–32, S. 34–36, S. 38–39, S. 47–49, S. 69–71, S. 73, S. 76; Shutterstock.com/Picsfive pins S. 4 *o.*, *u.l.*, *u.r.*, S. 5 *o.l.*, *o.r.*, S. 6 *o.l.*, *o.m.*, *o.r.*, *m.l.*, *m.*, *m.r.*, *u.l.*, *u.r.*; xiver S. 25 *m.*, S. 27 *5a*, S. 36 *o.*, *m.*, S. 37 4, S. 42 *o.l.*, *o.m.*, *o.r.*, *m.l.*, *m.*, *m.r.*, S. 51 *u.l.*, S. 52 *o.*, *u.*, S. 71 *m.*, *u.*, S. 76 *o.l.*

Pappkarten (eingelegt)

A, C, @webalys under the Creative Common Attribution licence außer Tafel: Cornelsen/Céline Bailleux; **E** @webalys under the Creative Common Attribution licence außer Steuerung: Shutterstock.com/Nata-Lia, Flaggen: Shutterstock.com/xiver, drums Shutterstock.com/James Steidl; **F** *Hunde*: stock.adobe.com/kisscsanad, *Mäuse*: stock.adobe.com/Oleg Kozlov, *Salat*: stock.adobe.com/TrudiDesign, *Bälle*: Shutterstock.com/Chones, *Pizza*: Shutterstock.com/Prostock-studio, *Katzen*: stock.adobe.com/ANASTASIIA, *Schokolade*: Shutterstock.com/Andris Tkacenko

PARIS
LE STADE DE FRANCE
LE SACRÉ-CŒUR
LA VILLETTE
le parc de la Villette
LA DÉFENSE
L'ARC DE TRIOMPHE
GARE SAINT-LAZARE
GARE DU NORD
GARE DE L'EST
le terrain Duperré
les Galeries Lafayette
LE BOIS DE BOULOGNE
le jardin des Tuileries
LA TOUR EIFFEL
LE LOUVRE
NOTRE-DAME
LA PLACE DE LA BASTILLE
LA COULÉE VERTE
la rue Crémieux
GARE DE LYON
RUE DE PICPUS
LA TOUR MONTPARNASSE
GARE MONTPARNASSE
LA GARE D'AUSTERLITZ
LE MUSÉE DES ARTS FORAINS
LE BOIS DE VINCENNES
le centre commercial de Bercy
la Seine
1er
2e
3e
4e
5e
6e
7e
8e
9e
10e
11e
12e
13e
14e
15e
16e
17e
18e
19e
20e
0
1km

METRO